Hale Bob – ein Pferd führt auf dem Weg ins Licht

Anja Hertwig

Hale Bob – ein Pferd führt auf dem Weg ins Licht

Ein praktischer Führer zur geistigen Arbeit mit Tieren

ch. falk-verlag

Bildseiten ab Seite 96
(Fotos u. a. von Ch. Slawick)

Originalausgabe

Umschlaggestaltung: Josef Nysten-Riess
unter Verwendung eines Fotos der Autorin

Satz: Plejaden Publishing Service, Neetze
Druck: Druckerei Sonnenschein, Hersbruck
Printed in Germany

ISBN 3-89568-133-4

Inhalt

Praxisseiten

Vorwort

„Ihr Menschen vom Geschlecht Adams
habt nicht viel gelernt über die Jahrhunderte.
Gebt gut Acht, was ich Euch jetzt zu sagen habe.
Es ist die Weisheit aus dem Herzen Gottes, von der ich spreche.

>Mein ist das Reich und die Kraft und die Herrlichkeit<
sprach der Herr zu Anbeginn der Zeit.
Sein ist das Reich, nicht Eures.
Sein ist die Kraft, in der Ihr steht – und nichts in ihr vergeht.
Sein ist die Herrlichkeit, die Ihr erlangen wollt.

Die Kraft, sie liegt in Euch verborgen,
sie wartet auf den erwachenden Morgen.
Macht Euch auf den Weg,
schreitet über den Steg.
Schreitet hindurch durch die Pein.
Nichts soll bleiben in Eurem Sein.

Sein Reich ist in Äonen von Zeiten noch nicht zu dem Euren gewor-
den,
denn Ihr habt sie ausgeschlossen, die anderen Wesen dieser Erde.
Ihr habt sie vernichtet, habt Gewalt geübt wider Euren Nächsten.

Seht die Tiere als Eure Nächsten,
seht sie als Euer Fleisch und Blut.
Sie sind der Schlüssel zu Eurem Glück.
Sie stehen als Verbindung zwischen den himmlischen Heerscharen
und dem Reich,
in dem Ihr Euch befindet.
Sie sind das Bindeglied.
Sie geben Euch die Kraft, Euch zu wandeln.
Erweist ihnen Achtung und Ehre auf ihrem Weg.

Die Tiere, sie geben Euch den göttlichen Segen.
Sie wundern sich, sehen das verwundete Erdengesicht,
gehen aber niemals mit Euch ins Gericht.
Sie sind die Weisen an Eurer Seite.
Sie sind das freudige Glockengeläute.
Sie tragen Euch. Sie wagen, Euch 'gen Himmel zu tragen
in unser Reich.
Die Ewigkeit, sie erwartet Euch gleich.

Die Tiere, sie stehen Euch stets zu Diensten,
sie fragen nicht, sie klagen nicht.
Sie zeigen Euch nur ihr Erdengesicht.
Seht hinter die feste Schicht,
so seht Ihr nicht das Erdengesicht.
So seht Ihr mal den einen Wicht,
seht die Schlange in ihnen verborgen,
seht den erwachenden Morgen.
Seht hinter die feste Schicht,
dann seht Ihr nicht mehr das Erdengesicht.

Seht hinein in die Pein und sie wird rein.
Das soll Euer Anfang sein.
Friert die Liebe niemals ein.
Öffnet sie in Eurem Sein.
Dann lasst das göttliche Licht wieder hinein.

Die Tiere, sie sind die Träger des Wassers.
Sie tragen Euren Schmerz voller Trost.
Friede in ihnen werde,
begebt Ihr Euch in den göttlichen Schoß.

So, nun schließt sich dieser Kreis.
Ihr Menschen geht und bringt die Kunde
weit, weit in die Welt hinein.
Sprecht von Tieren in der Runde
und schließt sie in Euren Kreis mit ein."

Es sprach der alte weise Merlin,
er begleitet Anja auf einer neuen Reise

Freundschaftlicher Dank

Es gibt da ein paar Menschen, ein paar Wesen, denen ich für ihren Glauben an mich und ihre Unterstützung Danke sagen möchte. Als erstes wären da meine Eltern, die mich in diesem Leben am längsten kennen. Sie schenkten meinem Wesen einen Lebensraum, meinen Körper, und haben mich so frei wie ihnen möglich erzogen, ohne meine Liebe zu Tieren zu unterbinden. Fortfahren möchte ich mit meiner Herzens-Freundin Anna-Maria Pierce, die mich nachhaltig aufforderte, meine Fähigkeiten zu entwickeln, mich auf dem Gebiet der geistigen Heilung schult und mir auf dem Weg der eigenen Heilwerdung behilflich ist. Gleich der lieben Jeanne Ruland, die selbst Autorin vieler Werke ist. Sie möchte ich als eine der Zeugungskräfte dieses Buches bezeichnen. Sie gab mir den Anstoß, schuf Brücken und erweiterte Sichtweisen. Cornelia Westermann, Alexandra Mahr und Imke Sawitzky möchte ich in einem nennen: Sie erlebten meine Anfänge hautnah, hörten sich geduldig meine Geschichten an und sprachen Fragen aus, wo Unklarheit bestand. Judith Mauß, Ariane Schürmann und Ute Lehmann forderten meine telepathischen Fähigkeiten. Sie erzählten den Menschen von mir, plötzlich traten sie mit Seminarwünschen an mich heran und brachten so diese wichtige Lehre – auch durch ihre Übersetzungen ins Italienische und Dänische – ein Stückchen mehr in die Welt. All diese Wesen begegneten mir jeweils zum richtigen Zeitpunkt und handelten im Rahmen des Plans. Sie gaben mir, jedes für sich, immer wieder die Möglichkeit, mich neu zu orientieren. Mit der eigenen Entfaltung fortzufahren und vor allem aber mit dem zu gehen, was ist.

Und jetzt komme ich zu den mir eng am Herzen liegenden Wesen, den Tieren: Hale Bob möchte ich danken, weil er mich überhaupt erst dahin gebracht hat, wo ich jetzt bin. An seiner Seite betrat ich spirituelles Gebiet und gelangte zur telepathischen Kommunikation. Weiter ist natürlich allen Wesen in Tierkörpern zu danken. Denen, die mit mir sprachen und zur Entfaltung meiner Fähigkeiten beitrugen, wie denen, die sich als Geistwesen bereit erklärten, in einem Tier hier auf der Erde zu sein, um die Entwicklung der Erde und ihrer Wesen zu fördern.

Schließen möchte ich mit einem Dank an all die Geistwesen und Energien, die mich ähnlich wie Hale Bob, aber auch die heute noch mit mir lebenden Kaninchen Josephine und Gulliver sowie den jüngst in unsere Gemeinschaft getretenen Kater Muriel Löwenherz noch auf einer anderen Ebene als der Erdebene unterstützen. Es sind die Wesen, die im Spirituellen als Engel, Meister, Naturgeister, ... bezeichnet werden. Manchmal sind es Aspekte unserer eigenen Energie, die sich auf einer anderen Ebene präsentieren, und manchmal sind diese Aspekte, diese Teile von uns, genau wie wir manifestiert in einem Körper auf der Erde. Als anfänglich unbewusste Bereiche meiner selbst, standen mir solche Energien auch während der Entstehungsphase dieses Buches zur Seite.

Einleitung

Warum ich dieses Buch jetzt schon geschrieben habe, liegt zu einem Großteil an Jeanne, die mich plötzlich und völlig unerwartet mit dieser Idee konfrontierte. Anna-Maria mit ihrer Fähigkeit des Seelenlesens hatte oft davon gesprochen, dass ich ein Buch schreiben werde – ich dachte ja, vielleicht in ein paar Jahren –, doch das ging für meine Begriffe nun alles sehr schnell. Dennoch, als Jeanne mit ihrer Aufforderung kam, schon jetzt ein Buch zu schreiben, hatte ich wenige Stunden später schon Konzept und Titel im Kopf. Also gut, vieles war vorhanden, anderes sollte erst noch entstehen, doch alles sollte zu einem Ganzen zusammengefügt werden.

Beim Sichten meiner Unterlagen stieß ich zudem auf wunderbare Worte eines großen Wesens. Am Ende einer Kommunikation sprach Max zu mir, der seit unserem Gespräch auf einen anderen Namen besteht und in einem Pferdekörper lebt:

„Deine Stimme ist die des Windes.
Sie wird hinausgetragen in die Welt.
Ein Kind der Hoffnung lebt in Dir.
Du bist der Samen,
das Korn entspringt aus Dir.“

Vielleicht waren es auch diese Worte, die mich beflügelten, an meinem ersten Buchprojekt festzuhalten. Meine Philosophie ist jedenfalls jene: Respekt und Achtung vor jedem Wesen, vor Leben, Lebensraum und jedem Körper verhelfen zu einem wahrlich freundschaftlichen Umgang mit der gesamten Schöpfung. Ich denke, auch die Erde, die göttliche Mutter in ihrer ganzen Pracht, kann mit dieser Einstellung gesunden, und wir werden uns durch eigene Kraft wieder zu einer Einheit mit allem, zu einer Einheit mit dem großen Ganzen führen.

Teil 1

Der Weg miteinander

Dass ich in diesem Leben mit dem Plan angetreten bin, ein wenig Heilung in die Welt zu bringen, erklärte mir Hale Bob bereits in einem unserer ersten Gespräche. Schon in meinem ersten Seminar zur telepathischen Kommunikation mit Tieren erfuhr ich von diesem, mir so fremden Auftrag und wehrte mich mit Händen und Füßen dagegen. Das gelang mir ein Jahr. Dann begriff ich, dass es schon Heilung war, was ich da tat. Viele Menschen riefen mich an und baten mich, mit ihren Tiergefährten zu kommunizieren. Ich sprach mit ihnen und ihren Tierfreunden, und alleine diese Tatsache veränderte. Unser Kontakt rüttelte die Menschen auf und brachte die Tiere dafür in ihre Mitte zurück, soweit sie sie verloren hatten. Er zeigte ihnen offensichtlich, wie viel sie wert waren, wie viel Achtung und Respekt sie eigentlich verdienten. Und ich begann, meine Kraft anzunehmen, sie so in die Welt zu bringen. Doch dieser Kontakt zeigte noch viel mehr: Ich begriff, dass ich es mit gar wunderbaren Wesen zu tun hatte und habe, die dem Menschen so viel mehr geben als körperliche Freundschaft, Treue und Arbeitskraft. Mitgefühl und Weisheit ruht in all ihren Seelen, und es ist mir eine große Ehre, dieses Buch in Liebe und Wahrheit einem von ihnen widmen zu dürfen.

Hale Bob ist nicht einfach nur ein Pferd. Er ist mein spiritueller Führer, mein Lehrer und nicht zuletzt mein treuer Begleiter durch mehrere Leben. In diesem begegneten wir uns zum ersten Mal bei einer Russin, die einige Jahre in Deutschland lebte. Inessa ritt diesen wunderbaren Hengst, der mit sechs Jahren im Bereich der Dressur bereits annähernd auf S-Klassen-Niveau ausgebildet war. Welchen Drill das für ihn bedeutete, muss ich niemandem erzählen, der auch nur ein bisschen mit Pferden arbeitet. Auch muss ich hier nicht die ganze Geschichte erzählen, aber Inessas Leben veränderte sich so, dass sie sich keine Zeit mehr für Hale Bob nahm. Mittlerweile hatte dieser wunderschöne russische Trakehner eine Kastration erlebt, die für ihn nicht minder zur Tortur geworden war. Es bedeutete schließlich fünf Tage nach Russland geschafft zu werden, zwei Monate auf seinem Heimatgestüt Kirow zu verbringen und dann wieder den langen Weg im Lkw nach Deutschland zu ertragen. Er fiel förmlich von der Laderampe, als er nach dem Transport aus Russland erstmals wieder Tageslicht erblickte, und ich wusste, seiner musste ich mich annehmen. 30.000 Mark wollte das Gestüt für ihn haben. Kein Preis, den ich als einfache Redakteurin bezahlen konnte. Also hoffte ich, dass lange Zeit kein anderer kommen würde, der diesen Preis zu zahlen bereit war, und das Gestüt mit seinen Vorstellungen den meinen entgegenkommen würde. Ein Jahr später war es soweit: Der Gestütsdirektor hatte seinen Besuch angekündigt, und ich sollte mit ihm verhandeln. 20.000 Mark lautete sein erstes Angebot. Ich sprach mit Inessa. Ich konnte nur zahlen, was ich auf der hohen Kante hatte, und das war gerade einmal die Hälfte. Sie diskutierten auf Russisch, handelten, und ich ging aus diesem Gespräch tatsächlich mit Hale Bob an meiner Seite heraus. Erwähnen sollte ich noch, dass ich eigentlich nie ein Pferd in meiner Obhut wollte – das schien viel zu viel Verantwortung für ein so großes Tier. Aber Hale Bob hatte es geschafft. Er hatte sich den Weg zu mir geebnet, selbst durch die materielle Welt der Menschen. Ich erfuhr später, dass Inessa auf ihre 30prozentige Provision für mich verzichtet hatte, wofür ich ihr heute noch von Herzen dankbar bin.

Offensichtlich entsprach es dem göttlichen Plan, dass dieses Pferd und ich einen Teil unseres Lebens miteinander verbringen sollten, denn anders kann ich mir diesen Wandel in den Köpfen der Menschen nicht erklären. In unserem täglichen Zusammensein brachte er mich jedenfalls zur telepathischen Kommunikation und lehrte mich, wie spannend und aufregend das Leben sein kann. Und selbstverständlich lehrte er mich auf spirituellem Gebiet. Er trieb mich an, forderte mich immer wieder auf, weiter zu gehen und meinen Plan zu erfüllen.

Das ist überhaupt eine Redewendung, die mir sehr häufig in den Gesprächen mit unseren wunderbaren Tiergefährten begegnet: der göttliche Plan. Jeder von uns ist auf seinen eigenen Wegen angetreten. Hat sich dafür entschieden, dies oder das in seinem Leben zu lernen, aufzulösen oder eine besondere Lehre in die Welt zu bringen. Auch haben wir miteinander verabredet, dem ein oder anderen Wesen zur Seite zu stehen, ihm beispielsweise bei einer Lektion behilflich zu sein – und alle sind wir miteinander verbunden.

Inwieweit Hale Bob sich bereit erklärt hatte, bei meinem Plan unterstützend zur Seite zu stehen, fand ich nach und nach heraus, in einem Tempo, welches meiner eigenen spirituellen Entwicklung entsprach.

Eines dieser Entdeckungs-Mysterien war die Begegnung mit der den Pferdekörper zusätzlich belebenden Kraft auf geistiger Ebene. Ich erfuhr, dass neben dem inkarnierten Wesen mindestens ein weiterer Meister des Lichts stand, der mich zu führen angetreten war. Und später erlebte ich auch noch den Wechsel einer Meisterenergie. Doch bevor ich mit dieser Geschichte beginne, gibt es zu erklären, dass ich die durch den Pferdekörper wirkenden Meister auch auf geistiger Ebene immer mit dem Namen Hale Bob angesprochen habe. Auch nachdem ich wusste, welche Kraft mich führte. Und so mache ich es auch in diesem Buch.

Zu Beginn meines spirituellen Erwachens lenkte mich durch den Pferdekörper auch die Energie des weisen *Merlin* – sein Wissen und sein Geist. Entdeckt habe ich Merlins Wirken übrigens, als ich Hale Bob aufgrund einer Verletzung in eine Säule aus grünem Licht hüllte – geistig, versteht sich. Plötzlich stand da nicht mehr das mit mir lebende Pferd. Es war ein älterer, weißhaariger und -bärtiger Mann in einem weiten Gewand mit kegelförmigem Hut auf dem

Kopf. Ich wunderte mich, sagte aber sogleich, dass ich mir so einen Magier, Merlin vorstelle, und fragte, ob diese Erscheinung Hale Bob, die mich führende Kraft sei. Ich erhielt ein JA als Antwort, wollte mich aber nicht länger damit befassen und fragte erst am nächsten Morgen nach, ob es richtig gewesen sei, was ich da gesehen hätte. *„Sonst hättest Du es nicht gesehen"*, gab Hale Bob zur Antwort. Aha – doch ich brauchte noch mehrere Wochen, bis ich dieses Erlebnis als meine aktuelle Wahrheit annehmen konnte. Und dazu bedurfte es nicht nur weiterer Gespräche mit Merlin, auch Anna-Maria und Jeanne mussten mein Erlebtes erst einmal bestätigen, bevor ich es wirklich glauben wollte. Die letzten Worte, die die Merlin-Energie zu diesem Thema sprach, waren folgende: *„Ja, zum Kuckuck noch mal, ja."* Das war seine Antwort auf meine abschließende Frage, ob er wirklich Merlin sei, der Merlin, der schon König Artus zur Seite gestanden hatte und über den es so viele Bücher gibt. Damit war es besiegelt, auch ich glaubte nun, was ich gesehen und gehört hatte.

Fünf Monate nachdem ich wissentlich mit dieser Meisterenergie in Kontakt getreten war, kam schon wieder die Zeit des Abschieds – dachte ich. Merlin, der zur Energie des violetten Strahls gehört, ging und ein anderer Meister nahm seinen Platz ein. *Paul, der Venezianer*, auch Paolo Veronese genannt, wirkte von dem Moment an neben dem inkarnierten Wesen und noch einem weiteren Meister durch den Pferdekörper. Wichtig ist zu erwähnen, dass der Wechsel der Energien für den Pferdekörper erst einmal mit einer schweren organischen Unausgewogenheit verbunden war. Hale Bob fraß nichts mehr, hatte Kreislaufschwierigkeiten und legte sich vor mir in den Matsch. Er wälzte sich nicht, nein, er legte sich nur hin, sah mich an und sprach: *„Kümmere Dich um Hilfe für mich."* Am gleichen Tag schaute eine Tierheilpraktikerin nach ihm und machte sich große Sorgen. Intuitiv kam bei ihr immer wieder an, dass etwas von Hale Bob gehen würde. Ein Jahr vor diesem Ereignis gab es bereits einen ähnlichen Zwischenfall. Hale Bob bekam einen Anfall von Angina pectoris, und bereits damals sprach ich mit einem

Druiden – ich nehme an, es war schon Merlin – über einen möglichen Abschied. Hale Bob selbst sagte, er würde bald gehen, und der Druide meinte, es sei seine Entscheidung, den Körper mitzunehmen oder nicht. Hale Bob und ich sprachen zu dieser Zeit ausführlich über einen Abschied, und ich hatte ihm deutlich gemacht, er müsse gehen, wenn es seinem Weg entspreche, ungeachtet meiner Emotionen. Aber zurück zum aktuellen Meisterwechsel und den damit verbundenen Unausgewogenheiten: Herz, Leber und Darm wurden homöopathisch unterstützt und gemeinsam mit meiner sehr guten Schülerin Nora sah ich mir an, was geistig für Hale Bob zu tun war. Kleine Energieräuber und eine fremde Wesenheit am Brustkorb machten ihm zu schaffen. Wir verbrannten diese Energien mit der violetten Flamme, und Nora bat Hale Bobs eigene Energien wieder zu ihm zurück.

Ich sah Merlin im zuweilen stürmischen Element Luft. Er war gekleidet in ein weiß-indigoblaues Gewand, wurde umwirbelt von einem kraftvollen, tosenden Sturm, und ich fragte, ob er nun gehen würde. Er sagte: *„Ja, es wird ein neuer Meister kommen."* Im nächsten Moment konnte ich also ein neues Gesicht erkennen. Es war das von Paul, dem Venezianer, und auf meine Frage, ob er es sei, kam die Antwort: *„Es kommt der Meister, den Du zu Beginn Deiner Lehre gerufen hast."* Nicht ganz zwei Wochen vor diesem Ereignis hatte ich mein erstes Tierkommunikations-Seminar in Italien gegeben und ja, ich hatte vor dessen Beginn eine Botschaft von eben dieser Meisterenergie des Paolo Veronese erhalten. Also glaubte ich wieder, was ich sah. Ich verabschiedete mich von Merlin und war ein wenig betrübt, denn seine Energie war mir sehr vertraut. Was ich während dieses Abschieds noch nicht wusste: Merlin wirkte zwar nicht mehr durch Hale Bob – für mich, den Pferdekörper und dessen inkarniertes Geistwesen war mit Paul, dem Venezianer, eine neue Zeitqualität angebrochen –, doch konnte ich Merlin mit neuem Bewusstsein nun direkt ins Herz lassen.

Um mich Merlin direkt zu öffnen, suchte ich den engen Kontakt mit der Natur und ihren Wesen. Jeanne leitete mich an, lehrte mich, mit den Energien eines Baumes zu verschmelzen, und öffnete meinen Blick für das Wesentliche. Eine 970 Jahre alte Eiche führte mich tief in die magischen Reiche, in frühere Leben und die Zukunft. Die Eiche hatte sich bereit erklärt, mir den Weg zu Merlin zu weisen, der als einer von mehreren Meistern angetreten ist, mich zu führen. Und die gehörten Worte waren deutlich: *„Sieh mich, ich bin Merlin, der alte Weise, der Dich begleitet auf Deiner Reise."*

Neben den Meistern, Meisterinnen und weiteren himmlischen Kräften begleiteten mich zeitweise natürlich auch andere Lichtwesen auf meinem Weg. Zum Beispiel die weise Schildkröte Lotus. Ihr Erscheinen brachte mich völlig aus der Fassung, denn begegnet bin ich ihr mitten auf der Straße. Drei Tage zuvor hatte ich mit Jeanne ein Weiblichkeitsritual gemacht. Natürlich hatten wir nach dessen Beendigung um ein Zeichen in der physischen Welt gebeten. Und drei Tage später lief mir also eine größere Landschildkröte über den Weg ... Lotus sprach zu mir: *„Reinige Dich von alten Verletzungen. Friere die Liebe nicht ein. Sie muss frei sein in Deinem Sein."*

Lotus, welche Kraft oder Boschaft gibst Du mir mit auf den Weg?

„Die der aufgehenden Sonne. Sie steigt über den Horizont und betrachtet die Welt aus einer anderen Sicht. Sie wertet nicht. Sie bringt die Liebe in ihrem Sein. Sie bringt sie in den Tag hinein."

Wie kann ich beginnen, dies in meinem Sein zu leben? *„Ich führe Dich. Es gibt nichts zu tun, ich führe Dich."*

Und auch, wenn ich nach wie vor mit allen mich begleitenden Lichtwesen arbeite und ihren Energien folge, so ist Hale Bob doch das Wesen, dem meine größte Aufmerksamkeit gilt. Hale Bob hatte also einen bestimmten Auftrag angenommen. Er wollte mich heilen, mich führen auf dem Weg ins Licht. Auf dem Weg in mein vollkommenes Bewusstsein.

Irgendwann führte er mich deshalb auch zum gemeinsamen Karma. Einige Inkarnationen hatten wir als Mann und Frau gelebt, und aus einem dieser Leben standen plötzlich Energien zu lösen an. Hale Bob bat mich also, die Energien zwischen uns zu lösen. Ich war ziemlich überrascht, setzte mich aber hin und schuf zwei Rosen. Eine für mich, eine für ihn. Ich sah mir ihre Erscheinungen an, meine war von gelblicher Farbe, seine eher orange. Dann betrachtete ich, von wessen Rose die Energien kamen, die nun in die Erde abfließen konnten. Sie kamen nur von mir. Nichts kam von diesem weisen Wesen, welches in einem Pferdekörper steckte. Der Schmerz und die tiefe Liebe, die ich während dieser Arbeit empfand, kamen einzig und allein aus meiner Mitte. Er hatte viele Jahre, bis es Zeit war, auszusprechen, was ausgesprochen werden musste, Rücksicht genommen und gewartet. Ich ließ all meinen Schmerz abfließen, sah mir die Bilder an, die aus mehreren gemeinsamen Leben auf mich zukamen, verbrannte sie in der violetten Flamme und ließ beide Rosen geistig gehen. Dann schuf ich eine weitere Rose. Sie war blau. Auch einen Ring schuf ich in meinem Geiste, dem ein Stück zur Ganzheit, zur Vollkommenheit fehlte. Er war golden. Das fehlende Stück setzte ich nun ein, und sogleich begann der Ring zu sprühen vor goldenem Glanz. Ich ließ ihn in die blaue Rose fallen, und sie änderte augenblicklich ihre Farbe. Schneeweiß war sie nun. Ich ließ sie gehen und wusste, es war getan. Für dieses Mal. Denn es sollten noch weitere Prozesse durchlaufen werden, bis ich zum Wissen seines wahren Auftrags bezüglich meiner Heilwerdung gelangen sollte.

Im Rhythmus der keltisch-germanischen Jahreszeitenfeste feierte ich eines Tages Samhain (31. Oktober bis 2. November). Dieses Fest ist der Beginn des neuen Keltenjahres und lässt Leben und Tod, Tag und Nacht, Vergangenheit, Gegenwart und Zukunft miteinander verschmelzen. Für mich öffnete sich mit dieser Feierlichkeit über viele Wochen ein Fenster in die Anderswelt, in die Verbindung zu meinen Ahnen, in frühere Leben und deren Verwundungen. Auf der Bühne meines Lebens sollte sich nun zeigen, was mich an Fremdenergien noch beeinflusste, welche Schmerzen aus früheren Inkarnationen ich noch nicht verwunden hatte und außerdem, welche Versprechen aus uralten Zeiten mir heute nicht mehr dienlich waren. All‘ dies stand noch an, gelöst zu werden, um mich in meine mir innewohnende Kraft zu bringen – mich zu heilen, wie Hale Bob es versprochen hatte.

In mehreren Seelenreisen mit Hale Bob als meinem Geistführer und Jeanne als Freundin, Schamanin und zweiter, in diesem Fall neutraler Seherin an meiner Seite sah ich mir immer wieder an, was sich gerade durch Emotionen, Begegnungen oder andere Ereignisse in meinem äußeren Leben zeigte, um gelöst zu werden. Unter anderem erhielt ich Bilder aus einer Inkarnation bei den Indianern, die mir viel über mein bislang währendes Verhältnis zu Männern – in einer möglichen Beziehung, zu meinen Ahnen und zum Leben an sich offenbaren sollten. In jenem Leben war mir als Indianerin durch Männerhand derartiger Schmerz zugefügt worden, dass ich entschieden hatte, mich vom Männlichen abzuwenden. In dieser Inkarnation zerbrach in mir das Gleichgewicht zwischen Mann und Frau, meine eigene Weiblichkeit anzuerkennen, ging mir verloren. Und die starke männliche Seite, sie wollte ich auch von außen nicht in meinem Leben haben. Auch nicht in diesem. Von den Männern abgewandt, wandte ich mich damals den Pferden zu. Und damit schloss sich der Kreis: Hale Bob als das inkarnierte Wesen, hatte den Pferdekörper gewählt, um mich an dieses Thema heranzuführen, denn ein Mann hatte in unserer Beziehung bislang keinen guten Platz. Doch das sollte sich ändern, und ich verstand endlich in ganzer Größe, warum es ausgerechnet ein Pferdekörper sein musste, der gewählt wurde, um mich zu führen.

Gefragt hatte ich mich das des öfteren, da ich wusste, das inkarnierte Geistwesen war mit seinem Körper nicht im Einklang. Er engte es ein. Also ritt ich Hale Bob nicht viel, nahm immer wieder Rücksicht darauf, dass er nicht im Einklang mit diesem Körper war, und erfuhr erst jetzt, dass ich selbst nicht im Einklang mit meinem, ja, weiblichen Körper stand. Bewusst wurde mir plötzlich: Ich war es, die beginnen musste, im HIER und JETZT Frieden mit dem Körper zu schließen, ins Gleichgewicht mit meiner männlichen und weiblichen Energie zu gelangen, damit auch Hale Bob Frieden mit seinem Körper schließen konnte. Mit diesem neu gewonnenen

Wissen wurde mir langsam klar, dass ich für viele Menschen nicht fassbar auf der Erde war. Ich erschien ihnen viele Ebenen höher, in geistigen Welten zu verweilen. Also begab ich mich langsam mit meiner weiblichen Ebene auf die Erde, und Hale Bob wurde im gleichen Tonus Pferd. Sie können es sich nicht vorstellen, aber ich genoss jede Sekunde, in der ich sehen konnte, wie er vorzugsweise mit Nora am Boden spielte. Wie er sie freiwillig auf sich sitzen ließ und seinen Körper entspannte. Es war schon irgendwie lustig, denn jeder andere würde erwartet haben, dass ein Pferd ein Pferd ist und sich auch so benimmt. Doch ich war dankbar für diese Wendung in unserem Leben. Außerdem leuchtete mir natürlich jetzt ein, warum es für mich bislang so schwer gewesen war, mit seiner starken männlichen Seite zurecht zu kommen. Mit der Seite von ihm, die mich als Führung für den Körper nicht respektieren wollte, die mich immer wieder herausforderte. Je mehr ich nämlich Nora mit ihm arbeiten sah, desto mehr bemerkte ich, dass es eben diese männliche Energie war, die ausschließlich in Resonanz zu mir stand. Gerade in solchen Situationen, in denen Hale Bob mich herausforderte, zog ich mich gerne zurück und ließ ihm seinen Willen. In Nora gab es keine Resonanz zu diesem Thema. Ich sah, wie sie mit den zwei Seiten der einen Medaille, ihrer Männlich- und Weiblichkeit, im Einklang stand und steht. Und ich sah, sie gebot Hale Bob Einhalt, begegnete ihm mit ihrer männlichen Energie, sobald er ihre Grenze überschritt, anstatt in den Rückzug (die weibliche Energie) zu gehen, so wie ich es tat.

Mit dieser letzten Erkenntnis und deren Umsetzung in meinem Leben war Hale Bobs Plan, mich zu heilen, nahezu vollendet. Für mich hatten verschiedene Meisterwesen durch den Pferdekörper gedient, und auch der Meister, dem meine tiefste Liebe gilt – er ist in diesem Buch zwar als Energie vorhanden, wird aber nicht mit seinem Namen erwähnt –, würde den Pferdekörper wieder verlassen, wie Merlin es getan hatte. Und das war auch gut so. Doch mein Wissen erweiterte sich plötzlich um die Erkenntnis, auch Hale Bob gehen lassen zu müssen, mit Haut und Haaren. Denn auch der Pferdekörper hatte keinen Job mehr an meiner Seite. Übrigens ist das in den Pferdekörper inkarnierte Geistwesen anzusprechen mit dem Namen *ShantiDevi*, welches Liebe und Hingabe für die göttliche Mutter bedeutet. Als meisterhaftes Wesen enthält es diese Aspekte und führte mich durch die männliche Verkörperung des Tieres in die Zuwendung zum Weiblichen, hin zur göttlichen Mutter. Als Hale Bob eines Tages mit Nora spielte, wusste ich, er würde zu ihr gehen. Ich sah die Liebe, die sie zueinander im Herzen trugen. Sie waren sich einig, er hatte einen neuen Auftrag.

Und wenn ich es genau überlege, so hätte ich bereits im ersten Seminar zur telepathischen Kommunikation mit Tieren erkennen können, dass Hale Bob als Pferd nicht bei mir bleiben würde. Damals wollte ich in den Pferdekörper schlüpfen, um ihn zu erfühlen. Doch sooft ich es versuchte, ich fühlte nur für einen winzigen Moment das Pferd. Dann rutschte ich, ohne Einfluss darauf zu haben, in einen stattlichen, wirklich großartigen Hirsch hinein. Zu diesem Zeitpunkt konnte ich mit erlebter Vision nicht viel beginnen, heute weiß ich, der Hirsch ist ein Tier der magischen Reiche, ist meist ein Bote der Götter und wird auch als ein Symbol für Christus und die Taufe gesehen. Hirsche führen den Menschen in die Anderswelt, in höhere Reiche und fordern sie auf, der Spur ihres Seelenpfades zu folgen. Haben sie ihren Auftrag erfüllt, verschwinden sie und überlassen den Menschen seinem Schicksal.

So war es also gekommen, Hale Bob würde gehen. Ich brauchte einige Zeit, um mit dem eingedrungenen Wissen Frieden zu schließen. Und sicher, ich hätte mich mit meinem freien Willen gegen diesen Weg entscheiden können. Ich hätte Hale Bob bei mir halten können – er sollte doch bei und mit mir alt werden – wenn ich zu diesem Zeitpunkt nicht schon das göttliche Wissen in mir getragen hätte. Wahre Liebe zu leben, bedeutet für mich eben auch gehen zu lassen, wenn sich ein von mir geliebtes Wesen für einen anderen Weg entscheidet. Und so gab es für mich nur den einen Weg, nämlich der wahren Liebe zu folgen, bedingungslos. Das bedeutet es beispielsweise auch für mich, den freien Willen nach dem Licht, der Liebe auszurichten.

Sie fragen sich nun, ob das alles überhaupt möglich ist? Ja, es ist möglich. Denn ich schreibe dieses Buch in Liebe und Wahrheit zu Ehren des einen Wesens, welches in meinem Herzen lange den Namen Hale Bob trug. Ich habe hier nur meine Erlebnisse niedergeschrieben. Niedergeschrieben, um nicht zuletzt Sie aufzufordern, ähnliche, Ihre Wege zu gehen, den Pfad des Erwachens zu betreten, Schleier für Schleier Ihrer momentanen Wahrheit zu heben, so wie ich es getan habe, und sich den weisen Wesen in Ihren Tierfreunden zu öffnen. Sie haben Sie so viel zu lehren ...

Teil 2

Auch Ihnen möchte ich nun einen Neubeginn ermöglichen. Der erste Teil meines Buches hat einen kleinen Einblick in das gegeben, was Sie selbst erleben und leben können auf spirituellem Gebiet. Im zweiten Teil möchte ich Sie in Techniken einführen, weitere Erlebnisse mit Tieren erzählen und tief Ihr Herz berühren. Doch lassen Sie sich von den Beschreibungen in meinen Ritualen nicht beschränken. Erleben Sie andere Eindrücke, Begebenheiten oder Anweisungen während Ihrer spirituellen Arbeit, dann ist das gut so.

Ich möchte Ihnen die Hand reichen. Es soll eine Hand sein, die Ihnen Sicherheit vermittelt, die Sie aber loslassen, sobald Sie laufen können.

Und da dieses Buch ein praktischer Führer zur geistigen Arbeit mit Tieren ist, eignen sich die eingebundenen Übungen sowohl für die Arbeit mit den geliebten Tieren als auch zur eigenen Heilwerdung. Weil aber Sie es sein werden, die diese in der Praxis durchführen, habe ich die Übungen so geschrieben, dass Sie für sich damit arbeiten können.

Tiere – die Engel auf Erden

Zu allen Zeiten in meinem Leben empfand ich Tiere als gleichberechtigt und sehe sie deshalb auf einer Ebene mit mir. Sie werden wahrscheinlich verstehen, wenn ich mich – meist still – wundere, sobald ich Menschen begegne, die der festen Überzeugung sind, dass Wesen, die in Tierkörper inkarnieren, noch sehr, sehr viel lernen müssen, bevor sie in einen menschlichen Körper schlüpfen werden. Für mich hatte diese Vorstellung niemals Gültigkeit, sie fühlt sich einfach wertend an. Hale Bob, der von mir nach dem Kometen benannt wurde, der 1996 das Universum in Nähe der Erde durchquerte, erklärte mir deshalb universelle Zusammenhänge: *„Alle Seelen haben eine Form, den gleichen Ursprung. Sie sind eins mit dem Ganzen. Es ist der Körper, der einander unterscheidet. Tierkörper haben weniger Ausdrucksmöglichkeiten, leben intuitiv und in den Tag hinein. Mein Leben ist bestimmt von den Dingen, die ein Pferd tut. Das grenzt ein, da komme ich nicht heraus. Doch die Wahl des Körpers liegt im Göttlichen. Ausgewählt wird nach der Aufgabe, die dem jeweiligen Wesen zugesprochen wird. Nach Umfeld und Eignung, aber alles ist möglich. Ich bin gekommen, um Dich zu heilen, Dich zu erleuchten auf dem Weg ins Licht. Dafür kam nur ich in Frage."*

Hale Bob erklärte weiter, dass alle Geistwesen, die in Tierkörper inkarnieren und dies aus der Entscheidung heraus tun, hier auf der Erde mit uns Menschen zu leben, individuelle Wesen seien. Weise, liebend und nicht etwa wie in vielen Lehren angenommen ausschließlich Energien einer Gruppenseele. Zur Sprache bringe ich dies, da ich Sie um diese Idee erweitern möchte. Jedes Wesen, in welchem Körper auch immer es sich auf dieser Erde zeigt, kann bereits die höchste Inkarnationsstufe erreicht, ja sogar hinter sich haben. Grundlegend hierfür ist nicht der Körper, sondern die Einheit mit der göttlichen Quelle: *„Es ist ein Lernprozess von Inkarnation zu Inkarnation, den jedes Wesen macht. Sie sehen und sie leben, sie wachsen an ihren Aufgaben"*, sagte Hale Bob zu diesem Thema. Und ich traute mich erstmals, Worten Glauben zu schenken, die ich vor Jahren schon gehört hatte, aber als ganz sicher falsch gehört abgetan hatte. Da hatte ein Geistwesen, wohnhaft in einem Pferdekörper, gesagt, es sei bereits als Frau und Delfin inkarniert gewesen, was mich wirklich nicht überrascht hatte. Doch als es davon sprach, als Sokrates gelebt zu haben, wusste ich, ich würde dieses Gespräch mit keinem Menschen teilen. Bis heute. Ich hörte nicht viel zum Leben als Sokrates – nur einen Satz: *„Früher glaubte ich, die Weisheit des Menschen sei einzigartig. Welch ein Trugschluss."*

Meine Erkenntnisse, unsere Tierfreunde betreffend, gehen aber noch weiter. Als ich zu dieser gelangte, dass Tiere die Engel auf Erden sind, sagte Hale Bob auf mein Nachfragen: *„Das hast Du schon gesagt, und es trifft den Kern in seiner Mitte. Wir sind gekommen, um Euch zu führen. Viele von uns haben endlose Inkarnationen hinter sich, haben Leid und Liebe erfahren und wurden geweiht dem göttlichen Licht. Sie haben sich entschieden zu dienen, haben Aufträge angenommen, denen sie treu ergeben sind. Das ist eine Ebene, die Ihr noch längst nicht erreicht habt. Ihr Menschen habt sie nicht, die bedingungslose Liebe, die wir mit auf die Erde bringen."* Bei dieser Sichtweise geht es also nicht um den Körper, sondern um die Meisterschaft der Seele. Hale Bob erwähnte, dass die Tiere in der göttlichen Hierarchie unter den Engeln stehen und auf der Erdebene dienen. Sie nutzen ihre Körper direkt für den Menschen durch Kuscheln und Lieben, schützende Dienste und beispielsweise spielerische Freuden. Und viele ihrer Seelen erstrahlen bereits in aller Vollkommenheit, sind Eins mit dem großen Ganzen, stehen uns zur Seite und lenken uns aus dem Ätherreich, auf geistiger Ebene, sobald wir bereit sind, uns lenken zu lassen. Auch wirken viele, in Tierkörper inkarnierte Geistwesen, auf Ebenen der Naturgeister, spirituellen Meister und himmlischen Engel, um uns Menschen auf den Weg zu bringen.

Dem ersten Naturgeist, dem ich in einer Stute begegnete, stand auch ich noch recht ungläubig gegenüber. Während einer telepathischen Kommunikation erhielt ich Bilder und sah plötzlich ein schneeweißes Einhorn, dass mit seinem Horn die Elektrobänder einer Koppel anhob und darunter hindurchschlüpfte. Ich fragte sogleich, ob das ihr wahres Wesen sei, und erhielt eine Gegenfrage: *„Kannst Du das sehen?"* Ja, ich konnte. Wirklich schwierig wurde es für mich aber, als dieses wunderbare Wesen darauf bestand, ich solle das Gesehene an seine Menschenfreundin weitergeben. Damals hatte ich überhaupt keine Ahnung von Einhörnern – ich erhielt sie von Jeanne, die ich auf diese Weise kennenlernte – und es klang für mich noch etwas komisch, jemandem zu sagen, das mit ihm lebende Pferd sei auf höherer Ebene und in seiner wirkenden Energie ein Einhorn. Das war meine erste Begegnung mit den wahren Kräften unserer Tiergefährten. Doch da ich hier nicht tiefer auf die Energien von Naturwesen eingehen möchte, empfehle ich Ihnen diesbezüglich gerne Jeanne's Buch zum Thema. Es heißt *„Feen, Elfen, Gnome – das große Buch der Naturgeister"*. Und Naturwesen nehme ich heute täglich wahr. Durch die und in den mit uns lebenden Tieren wie in der Natur. Dabei sehe ich die Tiere hier auf der Erde nach wie vor in ihren physischen Körpern. Aus geistiger Sicht betrachte ich sie meist in ihren höheren Körpern, häufig in ihren Astralkörpern. Diese Körper existieren auf höherer Ebene in einer anderen Dimension und sind Teil des Lichtkörpers, des „sich seiner selbst bewussten Körpers". Sehe ich Hale Bob beispielsweise auf dieser Ebene, also als Geistwesen, so erscheint der Energiekörper des weisen spirituellen Meisters. Einen Gnom, einen Weisen aus dem Zwergenvolk und somit einen Elementargeist, zugehörig den Naturgeistern, sah ich in einem Zypressenhain gemeinsam mit seinem ganzen Volk. In diesem Moment richtete sich mein Blick in eine höhere Dimension. Dort wirkt die Energie des Wesens inkarniert als Gnom, doch gleichzeitig lebt es auch in einem Schäferhund hier auf der Erde. Verständlich wird dies, sieht man sich die verschiedenen Ebenen an: In den Hundekörper inkarniert und durch ihn wirkend, lebt dieses Geistwesen nämlich in der 3. Dimension. Als Gnom und damit Naturgeist wirkt er mit seiner Energie auf ätherischer Ebene. So haben wir alle verschiedene und vielfältige Aufgaben, haben unsere Energie auf verschiedenen Ebenen, in verschiedenen Dimensionen verteilt, um Erfahrungen zu sammeln und unser Wachstum zu fördern. Ich sprach mit einem Engel, der durch eine Stute wirkt und lebt:

Shea, ich kann Dein Wesen als Engelenergie sehen, ist das richtig?

„Ich gehöre einer Engelgruppe an, die Euch führt in lichte Reiche. Wir sind viele und dienen schon lange auf der Erde. Uns gibt es in allen Variationen: Tieren, Menschen, auch in den Blumen. Unsere Aufgabe ist die Verfeinerung der Energie. Energie fließt und Ihr müsst fließen lassen. Alles fließt, denke immer daran."

Kannst Du Deiner Menschenfreundin Sicherheit geben in den Dingen, die sie empfängt?

„Sie soll glauben, was sie hört und empfängt. Es ist die Wahrheit aus den Augen der Schöpfung. Die einzige Wahrheit, die besteht, im Lichte nicht vergeht."

Mit diesem letzten Satz spricht Shea übrigens ein wichtiges Thema an: unsere Schattenseiten. Sie vergehen irgendwann im Licht – übersetzt: in unserer eigenen, „wahr-haftig" erlösten Kraft – wenn wir hell und dunkel, männlich und weiblich oder Yin und Yang in Einklang bringen. Auf der Erde haben wir dazu die Möglichkeit erhalten. Unsere Kräfte können wir langsam und bewusst entfalten. Vielleicht können wir sogar ein bisschen mit ihnen spielen, um die Auswirkungen dieser, unserer Macht kennenzulernen. Ich denke da beispielsweise an das gesprochene Wort. Es hat sehr viel Macht. Wir können mit ihm lieben, aber auch zerstören. Wir können mit Gesagtem beeinflussen und manipulieren, aber auch Kraft spenden. Genauso ist es auch mit unseren Gedanken, Emotionen und Taten. Deshalb haben unsere Tiere manchmal Aufträge angenommen, unsere Schattenseiten zu spiegeln. Sie dienen uns in bedingungsloser Liebe, auch wenn sie in der Emotionswelt des Menschen die dunklen Pole und damit schmerzhafte Erfahrungsmuster hervorholen und präsentieren. Sie helfen uns, unser Licht, unsere wahren Talente zu entfalten, sie zu erkennen. Und da auf der Erde in ihrer 3. Dimension alles aus Polaritäten besteht, benötigt jedes inkarnierte Wesen zur Entfaltung der reinen, ihm innewohnenden Kraft die Kehrseite einer Medaille: Glück und Unglück, Freude und Leid, Liebe und Hass, Mut und Angst, heiß und kalt, süß und sauer, Tag und Nacht ...

Ich sprach mit einem großen Wesen, dessen Name auf Wunsch seiner menschlichen Gefährtin nicht genannt wird. Es trat in einem Pferdekörper an, um Kräfte zu spiegeln. Ganz neutral. Es ist ein Auftrag, und dieses Geistwesen dient bedingungslos.

Was spiegelst Du für Deine Menschenfreundin?

„Ich spiegle die Stärke und die Macht, die angewandt auch Kummer schafft. Wenn sie mit mir spielt und einen Teil ihrer Macht nur falsch anwendet, wird sie von mir gespiegelt."

Auch die Angst?

„Ich verstärke die Kraft um ein Zehnfaches."

Was rätst Du ihr?

„Ich rate ihr, in Frieden zu sein, wenn sie zu mir kommt. Nichts soll sie aufhalten, nichts ihr zu eigen sein. Sie soll frei sein."

Vertraut Dein Körper seiner Menschenfreundin?

„Der Körper? Um den Körper geht es hier nicht. Es geht darum, dass ich angetreten bin, um für sie zu spiegeln. Sie soll frei sein. Ich bin die Spur des Weges, den sie sich gewählt hat. Ich halte inne und warte, lasse Zeit vergehen, bis ich handle. Aber die Zeit wird kommen, den nächsten Schritt zu tun. Sie soll nicht länger ruh'n. Friede soll werden in ihrem Sein, dann geht sie in den neuen Tag hinein."

Möchtest Du noch etwas sagen?

„Ich bin eine starke Kraft, die mit ihrem Willen Zeiten erschafft. Ich bin angetreten, zu reinigen und zu wandeln in ihrem Sein. Ich führe sie in den Tag hinein. Ich bin der helle Stern am Firmament, der weiß, wie lang ihr Feuer brennt."

Das Wesen der Stute hat sich mir in seiner energetischen Form nicht offenbart, aber ich vermute, dass sie ein sehr machtvoller

Engel ist. Und so sehe ich es wirklich als großes Geschenk an, dass Wesen in Tierkörper inkarnieren – wilde und domestizierte gleichermaßen. Wildtiere beispielsweise dienen uns mit ihrer symbolischen Kraft. Doch dazu komme ich in *„Energieformen und ihre Wirkung"*. Mutter Erde ist es, die göttliche Mutter selbst, in deren Dienst die Wildtiere stehen: Hier geht es um die Aufrechterhaltung und Erneuerung der Energie. Betrachtet man beispielsweise die Vögel, so ziehen sie mit ihren Flugbahnen Energiekanäle in höhere Ebenen. Maulwürfe und Regenwürmer durchkämmen den Boden, reiben sich mit ihren Körpern am Energiefeld der Erde und laden es wieder auf. Delfine, Wale und andere Meerestiere durchschwimmen die Ozeane und gleichen die positiven wie negativen Schwingungen des Wassers aus. Verschiedene Tierarten haben sich zudem bereit erklärt, als natürliche Opfer zu dienen; andere als Jäger, und alle haben sie einen wichtigen Platz im großen Plan der Schöpfung.

In Tierkörper inkarnierte Geistwesen nutzen ihre Körper zur Entwicklung, zum Abbau von Karma, und viele kommen aus den Lichtwelten (den Ebenen des reinen Bewusst-Seins) und inkarnieren, um zu dienen in bedingungsloser Liebe im Auftrag des Göttlichen Plans. Tiere – für mich sind sie ein Wunderwerk der Schöpfung.

Praxis

1. Ausrichtung in die Elemente

Bevor Sie sich in die vier Elemente ausrichten, sollten Sie einen Überblick – wenn auch nur grob – über Luft, Feuer, Wasser, Erde und ihre spirituellen Kräfte in Ihrem Leben haben. Deshalb möchte ich mit einer Einführung beginnen, die beschreibt, welches der Elemente welchen Kräften in Ihrem Leben Offenbarung schenkt. Und natürlich befinden sich die hier angesprochenen Tiere in allen Elementen, doch sind ihre Kräfte in manchen besonders betont. Um sich später in die Elemente und ihre Kräfte auszurichten, richten Sie Ihren Blick in die entsprechende Himmelsrichtung und sprechen moglicherweise die angebotene Affirmation. Und wie heißt es so schön: „Auf einem Bein kann man nicht stehen“, deshalb empfehle ich natürlich auch, sich in alle Elemente auszurichten. So sind Sie angebunden an die Kräfte, die Sie umgeben, und gehen mit ihnen.

Luft – Himmelsrichtung Osten – der Geist

Hier wird die Verstandes- oder Mentalwelt des Menschen angesprochen. Es geht um Information und Verbindung, sowohl in die höchsten als auch tiefsten Bereiche unseres Geistes. Die Klarheit und das Empfangen von Botschaften höherer Ebenen gehört zum Element Luft. Lauscht man den Wesen und Kräften der Luft, die sich in Tieren beispielsweise durch Adler und Bienen offenbaren, in Naturgeistern durch Sylphen, Sturmgeister oder Elfen entfalten, erfährt man viel über seine inneren geistigen Haltungen. Wo sind diesen noch Grenzen gesetzt? Luftwesen inspirieren, deshalb sollten Eingebungen, Gedanken und Ideen wahrgenommen und verfolgt werden. Die Chance, zu neuen, größeren Erkenntnissen zu gelangen, darf wahrgenommen werden.

Als Symbole der Luft gelten Schmetterlinge, Adler, Sterne oder Kreise.

Tierkreiszeichen, die diesem Element zugeordnet sind: Wassermann, Zwilling, Waage.

Instrumente und Gegenstände zum Element Luft: Flöte, hohe Klangspiele, Weihrauch, Schwerter, Federn.

Eine Affirmation, umformuliert aus einem Maya-Gebet:

„Kraft des universellen Geistes
stärke und nähre ich mein Selbst mit der
ewig pulsierenden Lebensenergie.
Sie durchströmt jede Zelle meines Körpers und bewirkt,
dass jegliche Erneuerung in mir meiner göttlichen
Vollkommenheit entspricht.
Danke, Du Luft meines Lebens."

Feuer – Himmelsrichtung Süden – die Spiritualität

Hier werden Dynamik, Tatkraft und Begeisterung angesprochen. Es geht um die Willenskraft in der Wandlung vom inneren Feuer ins Licht. Beide, Feuer und Licht, gehören untrennbar zusammen und sind zwei Seiten einer Medaille. Liebe und Hass, Vereinigung und Gewalt ... Lauscht man den Wesen und Kräften des Feuers, die sich in Tieren beispielsweise durch Schlangen und Raubkatzen offenbaren, in Naturgeistern durch Salamander, Musen oder auch Dämonen entfalten, erfährt man viel über die dynamische Kraft in sich. Möglicherweise offenbart sich der Weg der inneren Wandlung ins Licht, in Reinheit und Erleuchtung.

Als Symbole des Feuers gelten Drachen, Löwen oder Dreiecke.

Tierkreiszeichen, die diesem Element zugeordnet sind: Widder, Löwe, Schütze.

Instrumente und Gegenstände zum Element Feuer: Rasseln aller Art, Lagerfeuer, Kerzen, Räucherwerk wie beispielsweise Kampfer.

Eine Affirmation, umformuliert aus einem Maya-Gebet:

„Mit der Kraft des universellen Feuers
reinige und wandle ich alle falschen Programmierungen
meiner selbst,
die heute nach Transformation rufen.
Danke, Du Feuer meines Lebens."

Wasser – Himmelsrichtung Westen – die Seele

Hier werden die Emotionen des Menschen angesprochen. Es geht um Reinigung und Heilung, aber auch um das Im-Fluss-Sein – zum Beispiel in der Intuition, dem Empfangen und Loslassen. Im Wasser ist es möglich, sein Spiegelbild zu erkennen, in die Vergangenheit, Gegenwart und Zukunft zu blicken. Das Wasser fließt unaufhörlich, es trägt in den Gezeiten. Lauscht man den Wesen und

Kräften des Wassers, die sich in Tieren beispielsweise durch Delfine, Aale oder Karpfen offenbaren, in Naturgeistern durch Nixen, Wassermänner und Nymphen entfalten, wird man mit dem Fluss seines Lebens in Verbindung gebracht. Alles hat seine richtige Zeit, seinen innewohnenden Rhythmus, gleich der Ebbe und der Flut. Die Botschaft der stetigen Veränderung macht auch vor Ihnen nicht halt.

Als Symbole des Wassers gelten Frösche, Delfine oder Mondsicheln.

Tierkreiszeichen, die diesem Element zugeordnet sind: Fisch, Krebs, Skorpion.

Instrumente und Gegenstände zum Element Wasser: Ocean-Trommeln, Regenmacher, Wasser, Muscheln, Sand.

Eine Affirmation, umformuliert aus einem Maya-Gebet:

„Ich wasche und löse mit der Kraft des universellen Wassers
aus meiner Aura alle negativen Energien und Ängste,
die mein Heute belasten.
Danke, Du Wasser meines Lebens."

Erde – Himmelsrichtung Norden – der physische Körper

Hier wird das „auf die Erde bringen" des Lebensweges angesprochen. Es geht um die Manifestation, darum, seine Energie in die Form, den Körper zu ergießen. In der Erde liegt die Weisheit der Zeit, sie bringt ein höheres Verständnis für die Welt und ihre Wesen, aber auch das Wissen, wie Träume, Ideale und Ziele zu verwirklichen sind. Die Erde ist die Basis, auf ihr findet Entwicklung statt, sie gibt die Nahrung. Lauscht man den Wesen und Kräften der Erde, die sich in Tieren beispielsweise durch Füchse, Bären oder Pferde offenbaren, in Naturgeistern durch Gnome, Kobolde, aber auch Zwerge und Erdelfen entfalten, erfährt man viel über seine Willenskraft. Wie muss ich meine Energie setzen, um Dinge zum

Erfolg zu bringen? Bin ich stabil und beständig in mir, werde ich meine Lebenskraft sicher auf die Erde bringen.

Als Symbole der Erde gelten Schildkröten und Stiere oder Quadrate.

Tierkreiszeichen, die diesem Element zugeordnet sind: Steinbock, Stier, Jungfrau.

Instrumente und Gegenstände zum Element Erde: Trommeln, Salze, Kristalle, Blätter, Äste, Getreide oder Brot.

Eine Affirmation, umformuliert aus einem Maya-Gebet:

„Mit der Kraft der universellen Energie der Atome
verwirkliche ich meine Form als würdigen Tempel
für mein Ich-Bin.
Möge das Wissen der Zeit in mich fließen.
Danke, Du Erde meines Lebens."

2. Verbindung aufnehmen mit den Lichtkräften

Eine weitere Möglichkeit, Verbindung mit Lichtkräften durch ein Ritual aufzunehmen, ist neben den eben erwähnten Affirmationen beispielsweise diese Anrufung:

Erzengel Michael und Lady Faith, Ihr Wesen des Ostens und Hüter der Luft, Ihr Reiter auf den vier Winden, große Windmutter, ich rufe Euch. Kommt, schützt und begleitet meine Arbeit, mein Ritual, diesen Kreis, ... und verleiht mir das Schwert der klaren Unterscheidung.

Erzengel Uriel und Donna Grazia, Ihr Wesen des Südens und Hüter des Feuers, Ihr Bewahrer der heiligen Energie, ich rufe Euch. Kommt, schützt und begleitet meine Arbeit, mein Ritual, diesen Kreis, ... und verleiht mir den Stab der Kraft. Sendet mir Mut, ihn lichtvoll zu führen, um das Licht in der Erde zu verankern.

Erzengel Gabriel und Lady Hope, Ihr Wesen des Westens und Hüter des Wassers, Ihr Bewohnerinnen der Quellen, Teiche und heiligen

Gewässer, ich rufe Euch. Kommt, schützt und begleitet meine Arbeit, mein Ritual, diesen Kreis, ... und verleiht mir den Kelch der Heilung und Segnung, damit Frieden werde in allen Herzen.

Erzengel Raphael und Mutter Maria, Ihr Wesen des Nordens und Hüter der Erde, Ihr Bewohner der Berge und Täler, Ihr Bewahrer der heiligen Bereiche und unsagbaren Schätze, ich rufe Euch. Kommt, schützt und begleitet meine Arbeit, mein Ritual, diesen Kreis, ... und sendet mir die Veredlung auf meinem Pfad, die Kraft, mein Ich-Bin zu entwickeln.

Den Körper gerichtet in die Mitte, die Energie von oben, aus dem Kosmos empfangend:

Erzengel Haniel, große Göttin Venus, Ihr Wesen der Herzen, Ihr geliebten Feen, ich rufe Euch. Kommt, schützt und begleitet meine Arbeit, mein Ritual, diesen Kreis, ... und verleiht mir die bedingungslose Liebe zu allen Wesen dieser Erde.

3. Von Paul, dem Venezianer, diktiert: Eine Bitte an die Tiere dieser Erde

„Ihr Tiere, Ihr Wesen des Wassers, der Erde und der Luft, tretet ein in unseren Kreis. Nehmt die Ehre an, die wir Euch heute zuteil werden lassen. Schenkt uns Eure Gnade und die Erfüllung durch Euren Plan. Gebt uns Kraft, uns zu wandeln, und schenkt uns Frieden in unserem Sein. Ihr Tiere, Ihr Wesen des Wassers, der Erde und der Luft, tretet ein in unseren Kreis. Wir öffnen Euch unsere Herzen und lassen Euch niemals mehr allein. Tretet ein.“

4. Von Merlin diktiert: Der Segen für die Tiere

„Ihr Wesen des Wassers, der Erde und der Luft, seid gesegnet durch Gottes Gnade. Nehmt unsere Liebe an und tragt sie als Geschenk in Euren Herzen fort. Seid gesegnet mit der Kraft unserer Herzen. Friede sei mit Euch. So sei es.“ (Bedenken Sie, kein Tier in seiner physischen Körperform lebt auf der Erde im Element Feuer.)

Hören, Sehen und Fühlen im telepathischen Kontakt

Der Begriff *Telepathie* entstammt dem Griechischen und wird im Duden beschrieben als Wahrnehmen seelischer Vorgänge eines anderen ohne eine Vermittlung durch Sinnesorgane. Ich möchte Sie nun einführen in diese besondere Art der Wahrnehmung und bitte Sie, während dieser Arbeit Ihren tierischen Freunden mit Achtung und Respekt gegenüber zu treten. Auch wird das Lernen sehr viel leichter, begegnet man ihm mit Freude statt mit Verbissenheit. Ein Lehrer hat so mehr Spaß an seinem Schüler – und der Schüler sind Sie. Ihre tierischen Begleiter werden sich bereit erklären, Sie die telepathische Kommunikation wieder zu lehren. Bitten Sie nur darum.

Auch ich bat einst um diesen Dienst, und Hale Bob sagte: *„Stell mich an Deine Seite."* Ich tat, wozu ich aufgefordert wurde, und seither erhalte ich Führung auf diesem Weg. Sicher, anfangs habe ich während telepathischer Kommunikationen nur einzelne Worte aufgeschnappt, habe geistig auch lieber Bilder verschickt, als welche zu empfangen. Dieser Weg war der leichtere: Ich konnte mit meinen Augen sehen, ob eines der mit mir lebenden Tiere meine Botschaft empfangen hatte, weil sie sich auf meine Bilder einließen. Das war greifbar. Bilder, Worte und Gefühle, die ich empfing, waren damals in keiner Weise greifbar. Im Gegenteil, meine Befürchtung war, sie hätten meiner Ideenkraft entsprungen sein können. Überaus dankbar war ich zu Beginn meiner Arbeit deshalb für Worte, die ich in meinem Wortschatz nicht benutze. Da schloss ein Hund die Ausführungen über seine Wünsche und Bedürfnisse doch mit dem Wort *„basta"* ab. Das gehörte nicht mir, da war ich mir sicher. Auch *„korrekt"* hatte in meinem Wortschatz nichts zu suchen, und derer Worte gab es viele. So begann ich also, langsam zu hören, zu sehen und zu fühlen, und bitte auch Sie, die Zeit des Lernens in aller Langsamkeit zu genießen.

Die Fähigkeit der telepathischen Kommunikation bringt aus meiner Sicht nämlich eine große Verantwortung mit sich. Ein jeder Körper erscheint mir als Tempel einer Seele. In ihm wirken Energien, die Funktionen erhalten, den Geist stimulieren, Gefühlskräfte aktivieren und ein Handeln ermöglichen. Ich achte Körper als Heiligtümer, welche den Wesen dieser Erde vielfältige Wege eröffnen. Also bemühe ich mich, sie mit meinem Wirken niemals zu blockieren, doch das täte ich, wäre mein Geist nicht neutral. Angewöhnt habe ich mir deshalb, vor jeder Kommunikation um das *Schwert der klaren Unterscheidung* zu bitten, mich mit der göttlichen Quelle zu verbinden und *die Wahrheit sowie die Weisheit aus dem Herzen Gottes* zu erbitten. Mit diesem Ritual binde ich mich immer wieder neu an die universelle Wahrheit an und öffne mich ganz neutral für alles, was kommen mag. Mir scheint dies besonders wichtig, denn habe ich keine eigenen Ideen zu einem Thema, kommuniziere ich frei mit einem Tier. Normalerweise sprach ich vorher aber schon mit seinem menschlichen Begleiter und deshalb ist es besonders wichtig, wieder neutral zu werden. Des Menschen Sichtweise erscheint mir selten umfassend genug – er steckt ja nicht im Körper seines Tiergefährten und fühlt somit auch nicht seinen Schmerz.

Bevor ich mit einem Tier kommuniziere, bitte ich außerdem seine Engel und Geistführer um Erlaubnis des geistigen Kontakts. Es scheint mir respektvoll, dies zu tun, und ich erhalte erste Weisungen, die einer Kommunikation dienlich sein könnten: Beispielsweise konnte ich mehrfach erleben, Aufforderungen des besonderen Schutzes zu erhalten. Auch gab es solche, nicht mit einem Tier zu sprechen, da sich sein Ätherkörper noch nicht von den selbst erwählten Fesseln befreien konnte – wenn der physische Körper bereits verstorben war. Die Engel und Geistführer erklärten, es sei zu gefährlich, Kontakt aufzunehmen, und ich konnte das Feuer, die züngelnden, lodernden Flammen der Verstrickungen manches Mal selbst sehen. So habe ich mich an die hilfreichen Schutzwesen der

Tiere gehalten. Habe mit ihnen sprechen dürfen und den Menschen ihre Worte übermittelt. Auch das kann Heilung bringen, für Mensch und Tier. Habe ich Kontakt zu einem Tier aufgenommen, frage ich zuerst, ob es gewillt ist, mit mir zu arbeiten, und folge immer der erhaltenen Antwort. Es kommt nicht häufig vor, doch hin und wieder mag ein Wesen nicht mit mir in Kontakt treten. Dann frage ich meine Führung, was zu tun ist, um diesen Zustand zu ändern. Manchmal reicht es aus, mein Herz umfangreich zu öffnen und das Wesen in Liebe aufzunehmen. Kommt keine Kommunikation zustande, stehen nach wie vor auch noch die Engel und Geistführer als Ansprechpartner zur Verfügung.

Bevor es gleich zu den Praxisseiten geht, möchte ich kurz auf die verschiedenen Körper zu schreiben kommen, die ich vor einigen Sätzen bereits erwähnte. Sie sind Teile des Seins eines jeden Wesens. In einer telepathischen Kommunikation spreche ich das Geistwesen direkt an und erreiche damit auch jede Ebene, mit der sich das Individuum zum Ausdruck bringen kann. Darum könnte es sinnvoll sein, in einer Kommunikation noch einmal nachzufragen, in welchem Bereich das Erfahrene Ausdruck findet. Körperlich auf der Erde, geistig, möglicherweise im Gefühlsbereich oder Zeit versetzt auf allen angesprochenen Ebenen. Um es deutlicher zu machen, nutze ich ein Erlebnis: Ich sprach mit Leila, einer Schildkröte. Ihre Menschenfreundin bat mich herauszufinden, ob ihr der neue Garten zusage und der Platz zum Überwintern angenehm sei. In Kontakt mit den Engeln von Leila erfuhr ich, sie sei nicht mehr da. Hm, was hatte das zu bedeuten? Ich sprach Leila direkt an, und auch sie sagte, sie sei gegangen. Zuerst verwirrte mich diese Aussage, da ich wusste, der physische Körper war im Garten und lebte. Doch Leilas Energie war für die menschliche Gefährtin nicht mehr wichtig. Der Auftrag, den die Schildkröte auf geistiger Ebene an der Seite dieser Frau einst hatte, war beendet. Das erfuhr ich auch von ihr. Ich entschied mich, Leilas Menschenfreundin selbst herausfinden zu lassen, was zwischen ihr und Leila geschehen würde, denn sie wollte ein Tierkommunikations-Seminar bei mir besuchen. Für

Leila eröffnete sich so die Möglichkeit, auch physisch andere Wege gehen zu können: Sie bat ihre Freundin, sie in eine Gruppe von mehreren Schildkröten zu geben. Ungefähr fünf Monate, nachdem ich von Leila und ihren Engeln erfahren hatte, sie sei auf geistiger Ebene nicht mehr anwesend, manifestierte sich auch auf der Erde die Trennung zwischen Mensch und Tier.

Zugegeben, es scheint zu Beginn sehr umfangreich, aber ich habe in meiner Arbeit immer wieder solche Erlebnisse haben dürfen und mir deshalb angewöhnt, genauer hinzusehen, welche Ebene, welche Energie gerade von einem Wesen zum Kontakt genutzt wird. Dazu schaffe ich in der Kommunikation schon durch meine Fragen beziehungsweise das angesprochene Thema Kontakt zu bestimmten Bereichen, Ebenen oder Körpern. Beispielsweise trägt der Kausal- oder Gefühlskörper die Empfindungen, Emotionen und Wünsche eines Wesens, doch wird in einer Kommunikation, diese Themen betreffend, auch immer der Astralkörper mit seiner Energie wirken. Er hängt eng mit dem 3. Chakra zusammen, welches diese Bereiche mit Energie versorgt. Der Astralkörper hält auch die Verbindung zwischen dem physischen Gehirn und dem Geist, der Individualität eines Wesens. Angesprochen hatte ich im Kapitel *„Tiere – die Engel auf Erden"*, dass sich mir die mit uns lebenden Tiere sehr häufig in ihren höher entwickelten Körpern, den Lichtkörpern, offenbaren. In höheren Dimensionen nutzen sie diese, um angenommene Aufträge auszuführen, beispielsweise auch, um uns zu führen. Im Mental- oder Geistkörper wiederum findet die Individualität eines Wesens Ausdruck, seine Intelligenz, seine Gedankenmagien und Schöpfungsweisheiten. Und angepasst ist jeder dieser Körper an die Entwicklung eines Wesens, die irgendwann einmal vom Energieknäuel zum Individuum stattfand – von Inkarnation zu Inkarnation fortschreitend. Der physische Körper dient hier wohl als Träger, um auf der Erde, in der dritten Dimension, dem Raum-Zeit-Gefüge wirken zu können. Um langsam und bewusst die höheren Kräfte zu entfalten.

In der telepathischen Kommunikation habe ich also die Informationen aller Körper zur Verfügung. Sie sind mit den Chakren verbunden und steuern, jeder auf seine Art, das Empfinden, die Handlungen und Möglichkeiten des jeweiligen Wesens. Um diese, aber auch um Energiepotentiale zu ergründen, schaffe ich mir manchmal geistig Skalen, auf denen ich mir ansehe, mit welchem Prozentsatz ein Chakra zum aktuellen Zeitpunkt genutzt wird. Beispielsweise ist es auch interessant, sich anzusehen, wie weit einer der angesprochenen Körper bei der Geburt bereits entwickelt war. Das kann Aufschluss geben über den Lebensweg. Hat ein Wesen viele Rückschläge in diesem Erdenleben erlitten, spiegelt sich das möglicherweise darin wider, dass ein Chakra nicht mehr mit voller Kraft genutzt wird. Oder aber, das Wesen ist bereits so hoch entwickelt, dass es eines seiner Chakren nicht nutzen muss auf dem angetretenen Lebensweg. Die Betrachtung all dieser Körper zum Zeitpunkt der Geburt hilft, ein Wesen besser zu verstehen. Für den Moment soll diese Information aber auch ausreichen, sonst findet möglicherweise Verwirrung statt.

Nur beim Punkt des Verstehens möchte ich noch einmal einhaken: Es geht um die Interpretation des Gehörten, Gesehenen oder Gefühlten. Wahrheit entwickelt sich manches Mal stückchenweise, bis sie zur göttlichen Wahrheit in Vollendung geworden ist. Ich glaube, es ist vergleichbar mit der Entwicklung eines Schmetterlings: Raupe, Puppe, Schmetterling. Die Raupe ist Raupe und ihre Wahrheit ist wahr. Der Schmetterling lebt einen anderen Abschnitt desselben Lebens, aber ihn interessiert die Raupe nicht mehr. Seine Wahrheit ist eine andere, neue, erweiterte. Leichter wird es mit erfahrenen Antworten also manchmal sein, werden sie einfach stehen gelassen, wie sie empfangen wurden. Jede Botschaft hat immer ihren Sinn und entspricht der göttlichen Wahrheit. Doch liegt diese manchmal noch auf Ebenen, die wir zum gegenwärtigen Zeitpunkt nicht überblicken können. Außerdem ist es natürlich auch möglich, dass sich die eigene Wahrheit eines Wesens verändert. Zweifeln an der persönlichen Kraft oder Fähigkeit nützt da nichts, denn Energie ist immer in Bewegung. Fanden beispielsweise innerhalb einer Zeit mehrere Gespräche mit dem gleichen Wesen, aber unterschiedlichen Aussagen statt – immer vorausgesetzt, getragen vom *Schwert der klaren Unterscheidung* –, erfährt man hier, inwieweit sich Wege verändern, angepasst an die Entwicklung. Deshalb könnte es in Gesprächen also auch sinnvoll sein, zu fragen, ob alle empfangenen Botschaften jetzt schon für den Menschen bestimmt sind. Ob es Worte gibt, die zwar gesagt werden sollen, aber zu einem späteren Zeitpunkt. Dabei natürlich immer vorausgesetzt, es wird nicht mit den bei einem selbst lebenden Tieren gesprochen.

Vielleicht wird es auch irgendwann einmal so sein, dass ein Tier den direkten Kontakt zu Ihnen sucht, ohne einen menschlichen Gefährten, der um die Kontaktaufnahme bittet. In einem solchen Fall scheint man leicht in einen Konflikt zwischen Mensch und Tier zu geraten. Auch dazu habe ich eine Geschichte zu erzählen: Ich habe einen Fall erlebt, in dem eine Trainerin mit ihrem Schutz befohlenen Pferd zu keinem Konsens kommen wollte. Sie bat mich um Hilfe. Ich aber wehrte erst einmal ab, wollte, dass die menschlichen Lebensgefährten des Wallachs einer solchen Kommunikation zustimmten. Trotzdem nahm ich Verbindung mit höheren Kräften auf und wurde gefragt, warum ich einen Unterschied zwischen den Wesen machte. Die Seele sei frei. Ich sollte fragen, wen ich immer frage. Ich verstand damals, was gemeint war: Ich hatte den Menschen mit seinem Besitzanspruch über das freie Wesen des Tieres gestellt – so wurde es in meiner Ausbildung noch gelehrt. Doch wie schon erwähnt, hatte ich mir in meiner Entwicklung angewöhnt, Engel und Geistführer um Erlaubnis zu bitten. Meine Erfahrung lehrte mich, sie sind auch aus göttlicher Sicht zu bitten um die Erlaubnis des geistigen Kontakts. Seit dieser Unterhaltung weiß ich, ich darf mit jedem Wesen in Kontakt treten, soweit es dem Göttlichen und damit auch den Engeln und Schutzwesen gefällt. Schwierig kann es natürlich werden, entsteht Kontakt zu einem Tier und der dazugehörige Mensch befindet sich so ganz und gar nicht auf gleicher Wellenlänge mit spirituellem Wirken. Im Falle der Trainerin war ein Mensch da, der an einer Umsetzung des Gehörten interessiert war. Ist das nicht so, arbeite ich lieber nur geistig mit dem Tier. Ich geben ihm, wenn nötig, Heilsitzungen und leiste seelischen Beistand. Allerdings nützt es keinem Wesen, es zu bedauern. Hochachtung vor körperlicher wie geistiger Leistung des Tieres kann hingegen große Kraft geben.

Praxis

1. Erdung und Schutz

Um Ihnen einige Vorschläge an die Hand zu geben, wie Sie sich bewusst mit Ihrer Vorstellungskraft den Reichen des Geistigen öffnen können, biete ich als Hilfssymbole zum geistigen Sehen die Kristallkugel, die Leinwand oder den Bildschirm, sowie einen Teich oder See an. Schaffen Sie sich als inneres Bild beispielsweise eine weiße oder schwarze Leinwand, auf der Sie Bilder empfangen oder Worte lesen können, sofern Sie keine hören. Schauen Sie in die Kristallkugel, wenn es Ihnen leichter fällt, oder in das Spiegelbild eines tiefen Gewässers. Alles, was dazu dient, in die geistige Welt einzutauchen, soll hier willkommen sein.

Beginnen möchte ich nun mit einer Schutzzeremonie – der eigenen Erdung und dem Errichten eines Schutzkreises. Ich arbeite nie ohne den Schutz aus dem Universum.

Setzen Sie sich locker auf einen Stuhl, die Füße fest auf den Boden, so dass die Fußsohlen guten Kontakt zur Erde haben. Werden Sie ruhig und atmen bewusst tief in Ihren Körper hinein. Lassen Sie alle Gedanken gehen und stellen sich ein Kabel, ein

Erdungskabel, ein Seil oder einen Baumstamm vor – was Ihnen gerade am nächsten ist – und lassen es vom Steißbein aus hinab in die Erde gleiten. Lassen Sie es bis zum Mittelpunkt der Erde fallen und dann Wurzeln schlagen, die Sie halten. Energie lässt sich von Materie wie Stahl oder Stein nicht aufhalten, es ist also vollkommen egal, ob Sie auf der Wiese sitzen oder in einem hohen Gebäude.

Vielleicht hilft es Ihnen, eine Affirmation zu sprechen:

„Fest bin ich mit der Erde verwurzelt.
Meine Wurzeln reichen tief hinab in die Erde.
Ich bin geerdet."

Den Schutz aus dem Universum visualisieren Sie ebenfalls: Errichten Sie einen Tempel zwischen den Welten und jenseits der Zeit, beispielsweise in Form einer weißen Lichtsäule (Kegel, Pyramide ...), einer goldfarbenen, blau-/indigofarbenen oder einer violetten. Sie hüllt Sie komplett ein, ohne dass auch nur ein einziges Loch, ein Ausgang oder Eingang vorhanden wäre. Sie besteht aus purem Licht und schützt Ihre Energien vor möglichen Fremdenergien. Sie können auch eine Lichtkugel oder ein Ei wählen, in die/das Sie sich hüllen. Visualisieren Sie das weiße Licht um sich herum und hüllen die Kugel zusätzlich in einen blauen Schein. So sind Sie ebenfalls geschützt. Bitten Sie möglicherweise die Engel des blauen Strahls, die Legionen des *Erzengels Michael*, Ihnen bei der Arbeit zur Seite zu stehen. Sie werden kommen und über Sie wachen. Errichte ich den Schutztempel, so spreche ich meist noch *„... und nichts im Innen noch im Außen kann mir diesen Schutz nehmen."* Diese Worte ergaben sich, da sich im Innen manchmal Themen des Mangels zeigten, die mich plötzlich wieder schutzlos dastehen ließen und erst einmal zu bearbeiten waren.

Haben Sie Ihre Arbeit beendet, bedanken Sie sich bei den Engeln für ihre Hilfe und senden sie zurück in ihre Reiche. Auch den Schutzkreis heben Sie dann wieder auf. Visualisieren Sie, wie er sich aufhebt, und wählen Sie Worte wie beispielsweise diese:

„Der Tempel zwischen den Welten und jenseits der Zeit ist aufgehoben."

Dreimal gesprochen, manifestiert sich diese, aber auch jede andere Energie augenblicklich in Ihrem Umfeld. Sie können es mit dem dritten Auge – über das sechste Chakra – selbst sehen.

2. Kommunikation mit einem Tier, inklusive Leitfaden für erste Fragen

Bevor ich Sie nun in die Übungen führe, noch eines: In eine neutrale Kommunikation gehört für mich die Leere des Geistes, der eigenen Ideen, Gefühle und Bilder zu einer Frage, einem Geschehnis oder anzusprechendem Thema. Das ist das A und O für ein klares Gespräch. Das *Schwert der klaren Unterscheidung* dient hilfreich auf diesem Weg. Und machen Sie sich klar, dass es niemandem dienen wird, kommunizieren Sie an Tagen, an denen es Ihnen persönlich nicht so gut geht. An denen Ihre eigene Energie, durch Emotionen beispielsweise, bildlich gesprochen im Keller ist. Anhaftende Muster werden möglicherweise in so eine Kommunikation einfließen – unbewusst – und die Energie, die gesendet wird, ist nicht mehr so neutral, wie sie sein könnte.

Natürlich enthält auch ein mit Leere erfülltes Gespräch die Farbe ihrer eigenen Energie, ihre persönliche Note sozusagen. Je erlöster Sie darin aber sind, desto neutraler wird eine Kommunikation sein. Auch bitte ich Sie: Werten Sie nicht. Jedes noch so kleine Gefühl, jeder plötzliche Gedanke, jedes einzelne Wort und schemenhafte Bild ist telepathische Kommunikation. Oftmals kommt die Antwort auch, bevor die eigene Frage gedanklich ausformuliert wurde. Aber die Antwort, die Sie erhalten, stammt dennoch von dem Wesen, welches Sie befragten. Vertrauen Sie darauf – die geistige Welt ist um ein Vielfaches schneller als wir Menschen auf der Erde.

Zu allererst einmal erden Sie sich, wie ich es oben beschrieben habe. Werden Sie ruhig, lassen Sie alle Gedanken und die Wirren des Alltags aus Ihrem Geist verschwinden. Es macht gar nichts, wenn es eine Zeit dauert, nehmen Sie sich die Zeit. Lassen Sie die Gedanken ziehen, hören Sie ihnen zu, aber folgen Sie ihnen nicht. Warten Sie, bis kein einziger Gedanke mehr da ist. Dann sehen Sie nach, ob es noch Gefühle in Ihrem Innern gibt, die Sie vor der Kontaktaufnahme gehen lassen sollten. Tun Sie dieses.

Achten Sie auf Ihren Atem. Fühlen Sie, wie Ihnen Ihr Atem frische Energie zuführt und verbrauchte Energie beim Ausatmen Ihren Körper verlässt. Nehmen Sie die heilende Kraft von Mutter Erde durch Ihre Chakren an den Fußsohlen auf und die des Kosmos über Ihr 7. Chakra auf dem Scheitel. Lassen Sie die heilenden, möglicherweise in verschiedenen Farben auftretenden Energien durch Ihren gesamten Körper fließen, aber legen Sie Ihre Konzentration nicht auf diese Energien. Sie fließen von alleine.

Lassen Sie nun eine 8 aus Licht um sich und das Tier herum entstehen. Sie befinden sich in dem einen Kreis der 8, das Tier in dem anderen. So halten Sie Ihre Energien bei sich, die Energien des Tieres bleiben bei ihm und trotzdem sind Sie miteinander verbunden. Sie können aber auch, und das mache ich meistens, vor sich selbst und dem Tier geistig je eine Rose entstehen lassen, die tief verwurzelt in die Erde geht. Die eine Rose steht für Ihren Schutz und nimmt alle Energien in sich auf, die vom Tier zu Ihnen fließen, die andere Rose steht für den Schutz des Tieres und nimmt alle Energien auf, die von Ihnen möglicherweise zum Tier fließen könnten. Diese Rosen stehen vor Ihren beiden Auras oder Energiefeldern als Trennungsrosen.

Die Anbindung an die Göttliche Kraft erbitten Sie, indem Sie sich die Farbe Gold auf Ihr Kronenchakra legen und geistig um die Wahrheit sowie die Weisheit aus dem Herzen Gottes bitten. Mit ein bisschen Übung werden Sie die Verbindung, den Kanal von Ihrem

Kronenchakra in die lichten Reiche, selbst sehen können. Bitten Sie auch um das *Schwert der klaren Unterscheidung*. Hierzu vielleicht eine Affirmation:

„Möge das Schwert der klaren Unterscheidung mich führen,
die allgegenwärtige Wahrheit anzuerkennen,
sie in mich aufzunehmen."

Für den Anfang könnten Sie nun die Engel und Erzengel, die Meister und natürlich die mit Ihnen lebenden Tiere selbst bitten, Ihnen bei der Kommunikation behilflich zu sein. Bitten Sie um genügend Energie, die Botschaften Ihres Gegenübers empfangen zu können, und bitten Sie überdies die Engel und Geistführer des Tieres um Erlaubnis des telepathischen Kontakts.

Wurde Ihnen die Erlaubnis erteilt – sei es verbal, durch ein Gefühl oder Bild –, dann sprechen Sie das Tier an. Ich spreche den Namen des Tieres gewöhnlich dreimal laut aus, und ist es eine Kommunikation für einen anderen Menschen, die ich mache, so spreche ich den Namen des Tieres in Verbindung mit dem Vor- und Nachnamen des Menschen aus. Gewöhnlich ist die Energie dann sofort anwesend, die ich um Kontakt bitte. Nehmen Sie nun die Fragen zur Hand, die als Leitfaden für erste Fragen etwas weiter unten stehen, und richten Sie sie an Ihren Gesprächspartner. Lassen Sie sich in diesem Gespräch viel Zeit und bitten Sie das Tier, langsam zu sprechen, damit Sie seine Worte wahrnehmen können. Vielleicht gibt es auch etwas Wichtiges, was das Wesen Ihnen unbedingt mitteilen möchte. Vergessen Sie nicht, es danach zu fragen, denn nachdem Sie Ihre Fragen von ihm beantwortet bekommen haben, ist es nur fair, auch die Bedürfnisse und eventuellen Sorgen eines Tiergefährten anzuhören.

Haben Sie empfangen, was es zu empfangen gab, bedanken Sie sich bei dem Tiergefährten für seine Hilfe. Reinigen Sie sich mit einem Wasserfall aus kristallklarem Licht. Lassen Sie das Wasser durch sich sausen und alle verschmutzten Energien mit hinaus schwemmen. Schauen Sie sich nun die Trennungsrosen an, holen Sie Ihre Energien zurück, senden dem Tier seine und zerstören Sie dann die Rosen. Haben Sie die 8 gewählt, so trennen Sie die Verbindung der beiden Kreise in der Mitte der 8. Nutzen Sie ein geistiges Schwert, oder trennen Sie sie einfach mit den Händen. Lassen Sie das Wesen des Tieres geistig gehen. Legen Sie nun eine goldene Sonne auf Ihr siebtes Chakra und lassen das Licht der göttlichen Quelle in sich fließen. Füllen Sie sich ganz mit dieser kraftvollen Energie an. Sagen Sie nun JA zu Ihrem Körper, Ihrem Geist und Ihrer Seele. Seien Sie wieder im HIER und JETZT.

Leitfaden für erste Fragen

Warum bist Du als Geistwesen in diesen Körper inkarniert?

Wie fühlst Du Dich in ihm? (Für die Begegnung mit dem Tierkörper erhalten Sie hier erste Anhaltspunkte.)

Was verbindet Dich mit Deinem Menschenfreund/mir?

Welche Aufgabe hast Du bei diesem Menschen/mir oder in Deinem Leben?

Ist diese Aufgabe leicht zu erfüllen oder entstehen aus ihr Schwierigkeiten auf Deinem Erdenweg? evtl.: (Was kann getan werden, um Dir eine sinnvolle Aufgabe zukommen zu lassen?)

Wann hast Du Dich entschieden, Deinem Menschen/mir zu dienen?

Leitfaden für weitere Fragen

Wenn Sie die ersten Fragen erfolgreich mit Ihrem Tierfreund besprechen konnten, dann helfen Ihnen die folgenden Fragen, einen noch tieferen Blick in die Schöpfung und ihre Möglichkeiten zu werfen.

Was denkst Du über den Tod – für Dich oder bei Gefährten?

Wie soll Dein Menschenfreund/ich mit dem körperlichen Tod von Tiergefährten umgehen?

Wie erlange ich Sicherheit in meinen Kommunikationen mit Euch?

Wie kann ich beginnen, meinen persönlichen Weg zu gehen?

Welche Berufung hat Dein Mensch/habe ich auf meinem Weg oder für Dich?

Welche Kräfte beeinflussen mein Handeln?

Welche Wesen lenken Deinen Körper und beeinflussen ihn fremd?

Welche Kraft wohnt in Dir?

Fragen Sie sich jetzt noch einmal, ob Sie eine bestimmte Meinung, beispielsweise über den Tod oder zu einem anderen Thema, haben und diese auch in den gesprochenen Worten der Tiere wiederfinden. Dann fragen Sie erneut nach, nachdem Sie Ihre Ideen bei Seite geschoben haben.

Fragen, die in keiner weiteren Kommunikation fehlen sollten:

Hast Du Schmerzen?

Bitte lass sie mich körperlich fühlen und sehen oder hören, wo die Ursache liegt.

Möchtest Du Deinem menschlichen Gefährten/mir noch etwas sagen?

Wurde die Kommunikation getragen vom *Schwert der klaren Unterscheidung*?

3. Begegnung mit dem Tierkörper – Energien und Bedürfnisse erfühlen

Nora, eine meiner Schülerinnen, ist eine sehr gute Horse-woman. Sie kennen sie bereits aus dem ersten Teil meines Buches, denn Hale Bob hat sich für sie entschieden. Nora erfühlt, ohne große Anstrengung, was der Pferdekörper am Boden und in der Arbeit mit dem Menschen braucht. Thara, die mit Nora lebende Araberstute, sprach einmal zu ihr: „*Wir gehen schon auf dem richtigen Weg. Sei Dir sicher, der Weg ist da. Arbeite noch mehr geistig, während Du mit uns Pferden spielst. Deine Aufmerksamkeit hat sich schon toll verbessert. Es ist Reichtum, wenn man „auf-merk-sam" sein kann. Es hilft, kleine Hinweise von uns zu erkennen und zu lesen. Nimm die Gabe an, die Du hast, und nutze sie. Das ist unser Weg, körperlich und seelisch eins zu werden.*"

Um auch Ihnen die Idee des „Einswerdens" geben zu können, biete ich folgende Übung, in der Sie den Körper, aber auch das Wesen des Tieres erfühlen dürfen.

Wie bei der Tierkommunikation auch wird hier mit der Erdung und der persönlichen Schutzzeremonie begonnen. Sei es, dass Sie eine Lichtsäule errichten, die Engellegionen des Erzengels Michael rufen und einen Tempel zwischen den Welten und jenseits der Zeit errichten, oder dass Sie sich in ein Schutzei violetter, weißer oder goldener Farbe hüllen.

Dann geht es weiter mit der Erdung. Das Erdungskabel gleitet aus Ihrem Körper in die Erde und verankert sich tief in ihr. Suchen Sie sich eine heilende Erd- und eine heilende kosmische Energie, die durch den Körper fließen – dann werden Sie still. Atmen Sie bewusst, lassen Sie die Energien einfach fließen, die Gedanken zur Ruhe kommen, und werden Sie ganz langsam eins mit der Stille. Vergessen Sie die Trennungsrosen oder die 8 nicht.

Werfen Sie noch Ihre gefassten Urteile und Meinungen zu bestimmten Themen über Bord und erwarten Sie freudig die Eindrücke, Botschaften, Gefühle, Bilder oder Szenen, die Sie während dieser Meditation empfangen. Bitten Sie jetzt eines der mit Ihnen lebenden Tiere, mit Ihnen zu arbeiten. Bitten Sie darum, den Körper des Tieres fühlen zu dürfen, sich in seine Energien zu vertiefen. Öffnen Sie nun Ihr drittes Chakra, Solarplexus oder auch das Sonnengeflecht genannt, und lassen Sie ein Energieband, -kabel oder einen Tunnel aus sich zu Ihrem Tier fließen. In diesem Energiekanal aus Ihrem Chakra gibt es nur Sie und das Tier, dem Sie sich mit

Ihrer Wahrnehmung öffnen, geschützt durch eine 8 oder Trennungsrosen. Erinnern Sie sich noch einmal daran, dass Sie Ihrem Tiergefährten Respekt und Achtung entgegenbringen. Er ist Ihnen gleichgestellt. Fühlen Sie nun die Energien des Tieres, seine Schwingung, seine ausgedehnte Aura. Lassen Sie sich viel Zeit. Ist ein erster Eindruck bei Ihnen angekommen, ein Gefühl, eine Regung, dann warten Sie weiter, was kommt. Seien Sie geduldig mit sich und nehmen Sie lange Zeit wahr, was es alles in einem Tierkörper zu erleben gibt. Es wird immer mehr werden, Minute für Minute. Vertrauen Sie Ihrer Wahrnehmung. Das ist eine tiefe telepathischen Kommunikation zwischen Ihnen und Ihrem Tiergefährten.

Sind Sie in Ihrer Unterhaltung am Ende angekommen, so bedanken Sie sich aus tiefem Herzen bei dem Tiergefährten für die Zeit und Aufmerksamkeit, die er Ihnen entgegengebracht hat. Holen Sie sich mit Ihrer Energie nun zu 100 Prozent wieder aus dem Tierkörper heraus. Ziehen Sie das Kabel zu sich zurück, so dass die Verbindung zwischen Ihnen und dem Tier aufgehoben wird. Lassen Sie auch die Trennungsrosen gehen und reinigen sich mit dem Wasserfall. So werden eventuelle Fremdenergien erlöst. Spüren Sie, wie Erdenergie sowie kosmische Energie durch Ihren Körper fließen, und schließen Sie diese Übung mit der goldenen Sonne ab, die Ihren gesamten Körper durchströmt. Sagen Sie JA zu Ihrem Körper, Ihrem Geist und Ihrer Seele. Recken Sie sich, strecken Sie sich, sein Sie im HIER und JETZT.

4. Energetische Reinigung

„Energie fließt und Ihr müsst fließen lassen. Alles fließt, denke immer daran", erklärte Shea im Kapitel *„Tiere - die Engel auf Erden"*. Ich dachte, ihre Worte seien eine schöne Einführung in kommende Reinigungs-Übungen, denn alle fremden Schwingungen können Sie aus Ihrer Aura auch wieder abfließen lassen.

Dass man fremde und unerwünschte Energie aufnimmt, ist nie ganz zu vermeiden, auch nicht, wenn Sie sich häufig und gut schützen. Irgendwann wird Sie der Unmut eines anderen Wesens treffen, möglicherweise unbewusst, aber er wird Sie erreichen. Auch ist man verschiedenen anderen Energien sowie eigenem Stress, Ärger oder Fremdenergien in einer Kommunikation ausgesetzt. Um diese schwächenden Schwingungen aus seinem Energiefeld zu waschen, sollte man sich täglich energetisch reinigen.

Auch die mit uns lebenden Tiere nehmen diese Schwingungen auf, gehen wir gestresst vom Job gleich zu ihnen. Beobachten Sie einmal ganz genau, wie sich ein Tier verhält, kommen Sie völlig genervt und durch den Wind bei ihm an. Vielleicht wird Ihnen auffallen, dass beispielsweise ein mit Ihnen arbeitendes Pferd Ihre emotionale Haltung übernimmt – in der Arbeit eher hektisch ist und sich nicht so ganz auf Sie einlässt. Dann beobachten Sie sich in solchen Momenten wieder selbst. Reagieren Sie sich am Tier ab? Oder hat das Tier für Sie die Last übernommen und lässt ganz einfach heraus, was Sie selbst nicht so ohne weiteres abgeben konnten? Was auch immer Ihnen begegnet, bedanken Sie sich bei dem Tier für seine Hilfe. Damit es aber erst gar nicht soweit kommt, hier Möglichkeiten der Reinigung:

Erden Sie sich mit einem Erdungskabel und kommen Sie dann zur Ruhe. In der Mitte Ihrer Fußsohlen liegen die Fußchakren. Durch sie suchen Sie sich eine heilende Erdenergie. Die Farbe ist ganz Ihnen überlassen und kann sich bei jeder Reinigung ändern. Lassen Sie diese Energie nun durch Ihre Füße, hoch in die Knöchel, Waden, Knie, Oberschenkel und den Beckenraum hinein fließen.

Auch in das erste Chakra fließt sie und dann hinunter, durch das Erdungskabel in die Erde. Alles, was an Fremdenergien im unteren Körper zu finden ist, wird mit hinabgespült in die Erde. Nun suchen Sie sich eine heilende kosmische Energie aus dem Universum. Lassen Sie sie ebenfalls in einer Farbe, die Sie gerade brauchen, über das siebte Chakra, durch die vier Rückenkanäle – sie befinden sich im Ätherkörper, der ungefähr einen halben Zentimeter ausgedehnter ist als der physische – hinein in das sechste bis hinunter zum ersten Chakra fließen. In diesem Chakra vermischen sich Erd- und universelle Energie. Zehn bis 15 Prozent Erdenergie und der Rest kosmische oder universelle Energie fließen nun durch die beiden vorderen Energiekanäle hinauf, durch das zweite, dritte Chakra, vierte und so fort. Vergessen Sie nicht, einen Teil der Energie auch in die Arme und Hände fließen zu lassen. Sie fließt aus den Handchakren wieder hinaus. Über das siebte Chakra geht die Energie dann zurück ins Universum. Zum Schluss visualisieren Sie über Ihrem Kopf eine goldgelbe Sonne, die in alle Schichten des Körpers, in all Ihre Zellen fließt.

Eine weitere Möglichkeit auf geistiger Ebene ist der Wasserfall, der von oben durch Ihren Körper und die Aura saust und alle Störungen und fremden Schwingungen mit hinaus wäscht. Wenn es schnell gehen muss, kann man diese Übung auch wunderbar im Auto, im Supermarkt, wo man geht und steht, machen. Stellen Sie sich einfach vor, wie das Wasser durch Sie hindurch fließt und alles mitnimmt, was nicht zu Ihnen gehört.

Auch die Reinigung mit geistig geschaffenen Rosen ist ein ausgezeichnetes Mittel. Stellen Sie sich eine Rosenblüte in Ihrem Geiste vor, und dann zerstören Sie diese Blüte wieder für die vorhandenen Fremdenergien. Zerstören Sie sie, indem Sie beispielsweise eine Bombe in die Blüte fallen und diese explodieren lassen. Nutzen Sie eine Heckenschere, ein Feuer oder lassen Sie Ihrer Phantasie freien Lauf. Sie werden ein geeignetes Instrument finden, um die Rosen inklusive der Fremdenergien zu zerstören. Die alten Energien werden so freigesetzt und können sich neutralisieren. Das gilt beispielsweise auch für den Gedanken, Sie könnten nicht mit Tieren kommunizieren. Packen Sie ihn in eine Rose und zerstören Sie sie. Für diese Energien wird so die Möglichkeit der Weiterentwicklung geschaffen. Nichts muss im Stillstand verharren, alles schwingt.

Doch auch eine ganz reale Dusche wäscht die fremden Energien mit dem Wasser aus der Aura heraus. Dazu stellen Sie sich vor, dass jeder Tropfen Wasser, der Sie berührt, reinigende Wirkung hat. Er ist mit goldgelbem Licht gefüllt. Das Licht wäscht das Fremde aus Ihnen heraus und füllt Sie wieder mit positiver Energie. Wichtig ist hierbei, dass Sie sich bewusst reinigen.

Ein Bad im warmen Salzwasser reinigt ebenfalls ganz wunderbar. Dazu sollten Sie Meersalz ohne weitere Zusätze wie Jod ins Badewasser geben (am besten Salz aus dem Himalaja). Es dürfen schon einige gefüllte Hände sein. Visualisieren Sie, wie Sie das Salzwasser reinigt. Lassen Sie die schwächenden Energien dann einfach mit dem Badewasser abfließen und duschen Sie sich noch einmal mit reinem Wasser ab. Visualisieren Sie hierzu das goldene Licht in jedem Tropfen Wasser.

Auch die violette Flamme der Wandlung reinigt: Sie können mit ihr arbeiten und die violette Flamme durch sich, Ihren Körper und Ihre Aura lodern lassen. Sie ist ein Feuer in violetter Farbe. Halten Sie dieses Feuer so lange aufrecht, bis es seine Farbe von violett in goldgelb wandelt. Lassen Sie sie brennen, die Flamme, bis sie die Farbe ändert – egal, wie lange es dauert. Im Universum sind Raum und Zeit bedeutungslos. Die Kraft der violetten Flamme reinigt Ihre Energie von allen Fremdenergien. Sprechen Sie möglicherweise eine Affirmation dazu:

„Violettes Feuer, lodere, lodere, lodere
in, durch und um jedes Elektron.
Verwandle jede disharmonische Schwingung in Licht,
bis es dem göttlichen Plan entspricht."

Energieformen und ihre Wirkung

Die Reinigung der eigenen Energie ist ein wichtiger Punkt und für mich sogar die Voraussetzung zur freien geistigen Arbeit. Immer wieder neu zu reinigen sind persönliche Energien, da sich niemand von uns alleine auf der Erde befindet – wir alle miteinander verbunden sind. Da kommt es eben vor, dass sich jemand von meiner Energie angezogen fühlt – unabhängig ob ausschließlich als geistige Energie und Wesen in einer anderen Dimension als der dritten oder als Wesen im Körper auf der Erde. Ungebeten werden beide meinen geistigen Raum betreten, mein persönliches Energiefeld. Andererseits könnte sich natürlich auch jemand über mich ärgern und mir sozusagen einen energetischen Schlag versetzen. Unangenehm sind diese Hiebe, da sie einen meist aus dem Körper bringen. Erreicht einen so eine Energieform, ist man sowieso nicht besonders gut geerdet und beschäftigt sich gedanklich plötzlich nicht mehr mit der Gegenwart. Man gibt seine Kraft an die Person ab, die so eine Aktion gestartet hat. Absolut schützen kann man sich davor wohl nicht, aber man kann beginnen, diese Ereignisse wahrzunehmen als das, was sie sind: geistige Übergriffe in den eigenen Raum. Das Klügste scheint es wohl zu sein, sie zu bemerken und sich wieder in sein Bewusstsein und seinen Körper zurückzubringen.

Bei Begegnungen, von denen ich im Vorfeld schon weiß, sie könnten schwierig werden, erde ich mich nochmals, nutze natürlich die Trennungsrosen und ein sozusagen geistiges Schutzschild. Ich spreche dreimal:

„Wall von Kristall, all überall,
schließe Dich rings um mich.
Schließe mich ein im Sein.

Umwölbe mich, überforme mich,
lass' nichts herein als Licht allein."
„So sei es."

Diese Affirmation wird von vielen Menschen genutzt und erhält deshalb täglich eine große Menge von Energie. Das macht sie besonders wirksam, denn je mehr Energie ein Gedanke erhält, desto größer kann seine Kraft werden.

Ein Beispiel, wie machtvoll unsere Gedanken in einer Gruppe werden, könnte dieses sein: Sie betreten einen Raum und die Menschen im Raum begegnen Ihnen zurückhaltend, ja vielleicht sogar unfreundlich. Was fühlen Sie? Sie werden sich unwohl fühlen. Dieses Unwohlsein gelangt zu Ihnen als Energie, die die anderen Menschen in diesem Raum ausstrahlen. Mit ihrer Gedankenkraft haben diese Menschen Energien geschaffen, die Elementale genannt werden. Sie entstehen, wachsen und formen sich zu Kräften, die wirken. Entkräftet werden sie, erhalten sie keine Energie mehr aus den Gedanken dieser Menschen.

Gedankenkraft ist also eine sehr starke Energieform mit Wirkung. Und die Sinne der Tiere sind für solche Energieformen um ein Vielfaches offener als die unseren. Sie empfangen solche Schwingungen mit Leichtigkeit, wissen schon, bevor überhaupt ein Wort gesprochen wurde, was von ihnen erwartet wird. Die Folgen daraus können verwirrend sein: Denken Sie einen Gedanken, sagen aber etwas anderes, erhält ein mit Ihnen umgehendes Tier zwei verschiedene Informationen. Beispielsweise beobachtete ich eine Freundin mit der mit ihr lebenden Stute. Das Pferd war nicht angebunden und die Freundin sprach es an, dort, wo es stand, brav stehen zu bleiben, sie käme gleich wieder. Die Stute erkundete während der kurzen Abwesenheit ihrer Menschenfreundin den Hof. Ich fragte meine Freundin, was sie eigentlich geglaubt habe, was die Stute tun würde. Sie antwortete, sie sei davon ausgegangen, sie würde tun, was sie getan hatte. Für sie war die Stute ungehorsam, dabei hatte das Tier nur den letzten Gedanken der jungen

Frau aufgeschnappt – und ausgeführt. Der Mensch war es, der diesen Gedanken in die Welt gegeben hatte, mit seiner Gedankenmagie Handlung erschuf.

Gedanken sollten deshalb sehr achtsam gebraucht werden. Auch dann, wenn offensichtlich ist, dass ein Gegenüber jemanden nicht so freundlich empfängt. Ich achte in solchen Fällen darauf, in meiner Energie zu bleiben, nicht zu spiegeln, was mir gesendet wird. So hat auch das Gegenüber wenig Chancen, seine Unfreundlichkeit aufrecht zu erhalten. Es ist, als würde die gesandte Energie einfach durch mich hindurchgehen. Sie kann nicht greifen, so erlebe ich es jedenfalls.

Eine weitere Form der Energieeinwirkung ist es natürlich, wenn beispielsweise ein aufgestiegener Meister neben einem inkarnierten Geistwesen einen Körper belebt. Dies geschieht im Gegensatz zu energetischen Übergriffen nie ohne Zustimmung des eigentlichen Erschaffers eines Körpers, aber dennoch hat es Auswirkungen. Es ist ein Nehmen und ein Geben zwischen beiden Wesen, ich erlebte es bei Hale Bob durch den im ersten Teil beschriebenen Meisterwechsel. Paolo Veronese brachte seine sanfte, inspirierende und auf die bedingungslose Liebe ausgerichtete Meisterenergie in den Körper. Das Wesen, welches sich den Pferdekörper erschuf, konnte mit dieser Kraft seine Erinnerung an eigene Talente wieder entfachen. Im Außen war dies von allen ihn umgebenden Wesen zu beobachten, insbesondere ab dem Zeitpunkt, ab dem der Meister mit seiner Energie nicht länger durch den Körper wirkte. Das Ich-Bewusstsein, welches der Meister mitbrachte, ist auch in Hale Bob erwacht.

Bitte verwechseln Sie die zusätzlich wirkende Meisterenergie nun aber nicht mit den Wesen, die sich mir in ihren Lichtkörpern als Naturgeister, Engel und spirituelle Meister zeigen. Sie erschaffen sich selbst einen Körper, um an menschlicher Seite zu wirken, und können wie erwähnt bereits sehr hohe Entwicklungsstufen erreicht haben, was mir auch von Nageeba, einer kleinen Araberstute, bestätigt wurde. Im ersten Moment unseres Kontakts sah ich sie sofort in der Energie eines Einhorns. Sie sagte:

„Ich bin eine sehr feine Energie. Rein in meinem Sein. Ich bin die Kraft, die diesem Körper zur Seite steht."

Da sich für mich sofort die Frage stellte, ob es eine zusätzlich wirkende Kraft war, mit der ich sprach, fragte ich weiter: Bist Du die Kraft, die dem inkarnierten Wesen zur Seite steht?

„Nein, ich bin die Seele selbst."

Ich sprach von den Kräften, die als Gedankenformen auf jeden einströmen, von denen, die möglicherweise als zusätzlich wirkende Energie im Einklang mit dem inkarnierten Wesen wirken und komme weiter zu den Kräften, die in der Natur auf uns und die mit uns lebenden Tiere wirken. Ich sah mehrfach, wie Naturwesen Tierkörper von Außen beeinflussten, sie lenkten und so an deren Verhalten beteiligt waren. Beispielsweise saß ein Elf im Nacken eines jungen Hundes, um diesen zu reiten. Die unbändige Freude im Körper dieses Hundes, der über eine Wiese galoppierte, wurde durch den Elf herbeigeführt und zum vollen Ausdruck gebracht. Der Naturgeist-Elf, welcher die Natur bewohnt und beseelt, trieb in diesem Fall den Körper des Hundes an und gönnte sich einen Ritt durch eine Blumenwiese. Aber er war nicht das Wesen des Hundes, sondern eine Energie aus der Umgebung. Naturwesen tragen keine physischen Körper, sondern bestehen nur aus Äther. Sie sind viel zarter, durchsichtiger und leuchtender, befinden sich wie wir auf der Erde, leben aber in einer anderen Dimension. Für das nicht spirituell geschulte menschliche Auge sind sie selten sichtbar. Während ihrer Arbeit in der Natur werden sie aus den höheren Reichen angeleitet, und in Bezug auf Tiere habe ich sie als Elementargeister – eine Untergruppe der Naturwesen – als hilfreiche Heiler an körperlichen Störfeldern erleben dürfen. Da sitzt ein Zwerg doch auf der Nase eines Hundes und bearbeitet dessen schmerzhafte Nebenhöhle ... Doch stehen Naturgeister auch an der Seite des Menschen. In Gärten an den Häusern oder in Wohnungen direkt wirken sie, finden sie in ihnen nicht zu viele metallische Gegenstände. Denn Metall bindet diese Wesen, und deshalb meiden sie Orte mit dieser Kraft.

Im Dienst der Menschen werden Sie als hellsichtiger Heiler immer die Naturgeister finden, die mit der Schwingung der vorherrschenden Energie im Einklang sind. Das können sowohl lichte als auch dunklere Kräfte sein. Und wie Sie sich jetzt sicher denken können, werden die Tiere in der Umgebung des Menschen auch von eben der stärkenden oder schwächenden Energie dieser Wesen beeinflusst.

Ich höre immer wieder von Katzen, die in der Wohnung herum urinieren. Zu einem hohen Prozentsatz fand ich ein oder mehrere Naturwesen – in beschriebenem Beispiel meist Schwarzalben –, die für die Katzenmisere verantwortlich waren. Sie gaben den Katzen immer wieder ein, diese Missachtung den Menschen gegenüber zu leben, und der Körper der Katzen folgte ihrer Programmierung – oft, ohne sich wehren zu können, denn die Energie der dunklen und somit schwächenden Kräfte ist dann zu stark. Manchmal reicht es bei so einem Störfeld, dass der Mensch seine Wohnung räuchert. Meist jedoch liegt das Thema beim Menschen und muss näher betrachtet werden, denn der Schwarzalb taucht nicht ohne Grund in der Umgebung auf. Möglicherweise liegt die Anwesenheit dieser Kräfte auch im Haus oder der Umgebung verborgen. Ist das so, bringt eine geistige Hausbesichtigung sicher auf die Spur. Dann kann auf lichte Weise begonnen werden zu heilen. Manchmal müssen Eingänge verschlossen werden, ich fand solche in Schornsteinschächten, oder es sind andere Dinge zu lösen. Dazu ist es ausschließlich wichtig, wahrzunehmen, zu hören und zu fühlen. Die Antworten auf notwendige Fragen können von den Tieren, den Engeln oder aber dem Hausgeist kommen.

Und ich möchte noch etwas zur Sprache bringen: Ich spreche von der Magie der Tiere, von ihrer Kraft und Eigenschaft. Hale Bob nahm sich den Körper eines Pferdes, welcher die Farben Weiß als Zeichnung auf Stirn und Beinen trägt, Schwarz in Mähne und Schweif sowie einen kleinen Teil an Beinen und Ohren und Goldbraun bis Rot an Rumpf, Hals und Kopf. In Märchen und Mythen führt das Pferd häufig das Wort, erzählt des Rätsels Lösung und trägt den Helden auf seinem Weg. Seine Farben Rot, Weiß und Schwarz stehen für die dreifältige Göttin, und erscheint ein Pferd in diesen, so führt es durch Einweihungen. So, wie ich es durch Hale Bob in meinem Leben erfahren durfte. Er ist mein Führer auf dem Weg ins Licht. Aber es gibt auch noch andere Tiere in meinem Leben durch die sich Führung offenbart. Beispielsweise durch einen schneeweißen Kater vom Nachbarhaus. Durch ihn zeigte sich mein Engel des Lehrens erstmals in meinem Leben. Der Kater als Körper begegnete mir übrigens dreimal auf ungewöhnliche Art und Weise, denn jedesmal setzte er sich vor mich, sah mich sehr tief an und schien immer etwas von mir zu wollen. Er schien geführt, denn der Körper an sich wirkte eher scheu. Ich wusste, weiße Tiere stehen für Wunder und gelten als Boten der Lichtreiche. Also setzte ich mich hin und nahm Kontakt mit dem weißen Stubentiger auf. Ich sah eine sehr große, überdimensionale weibliche Gestalt, die über dem Katzenkörper stand, und erfuhr eben von dieser, dass sie mein Engel des Lehrens sei. Sie nutzte den Körper des Katers als Träger ihrer Kraft beziehungsweise als Boten der Erinnerung. Aufgrund ihres Namens glaube ich, sie schwingt in der Energie einer Blumendeva, einem Engel der Natur, und immer, wenn ich nun diesen Kater sehe, erinnere ich mich an Magnolia, meinen Engel an meiner Seite.

Ich könnte noch viele Beispiele wie dieses erzählen, aber es gibt genügend Bücher zum Thema Symbolsprache der Tiere oder Krafttiere/Totemtiere. Ich möchte Sie lediglich auffordern, alle Ihnen begegnenden Tiere, wilde wie domestizierte, mehr und mehr in Ihrem Leben wahrzunehmen. Sie erzählen Ihnen viel über Ihre momentanen Lebensumstände. Aus dem Reich des Unsichtbaren und Spirituellen senden sie ihre Kraft. Auch Geistführer verwenden Tierkörper oder Tiersymbole. Für mich steht außer Frage, dass Hale Bob sich den Pferdekörper nahm, um mich zu führen. Ich bemühe mich also, die Zeichen zu erkennen, indem ich Merkmale und Tätigkeiten der Tiere betrachte, verstehe und lerne, diese Energien in meinem Leben zu manifestieren. So erfahre ich viel über meine eigene Kraft. Die Tiere lehren mich, sie zu verstehen, sie anzuwenden und mit ihr zu tanzen. Um noch ein wenig verständlicher zu machen, wie ich mit dieser Symbolik umgehe und mich durch sie führen lasse, hier noch ein Beispiel: Ich saß im Wagen und war auf dem Weg, einen Seminarraum zu besichtigen. Die Straße führte durch einige Felder, und urplötzlich schoss eine kleine Feldratte auf die Straße. Ich konnte weder bremsen noch ausweichen, da der Gegenverkehr auf mich zurollte. Also schloss ich in Windeseile die Augen und bat „nur nicht überfahren". Als ich in den Rückspiegel schaute, kugelte die Ratte zusammengerollt über den Asphalt, aber ich hatte sie nicht erwischt, das hätte ich gefühlt. Ich hielt sofort an, drehte und fuhr zum „Unfallort". Sie lag noch immer zusammengerollt auf der Straße. Der Verkehr hatte sich verzogen. Ich nahm sie hoch, betrachtete sie und stellte lediglich ein Trauma fest. Ich gab ihr sofort ein paar Bachblüten aus der Resqueflasche (die ich übrigens immer im Auto habe) ins Mäulchen und reinigte sie geistig von erlittenem Schmerz. Nach etwa 15 Minuten sah sie mich an und sagte, ich könne sie nun wieder ins Feld setzen. Auf meinem weiteren Weg zu besagtem Termin überdachte ich das Ereignis. Was wollte diese Ratte von mir? Ratten sind doch sehr intelligente, erfolgsorientierte und schlaue Tiere. Wenn sie sich so mir-nichts-dir-nichts vor mein Auto warf, hatte es etwas zu bedeuten. „Eine Ratte auf ihrem Weg ins Schleudern gebracht" kam mir in den Kopf, und ich fühlte, dieser Seminarraum konnte mir nichts Gutes bringen. Ich hielt mich während des Termins vornehmlich zurück und las zu Hause in *„Die Botschaft der Krafttiere"* von Ted Andrews, was mir diese Begegnung wohl sagen wollte. Auszugsweise stand dort: „Wenn eine Ratte als Krafttier aufgetaucht ist, werden Sie vielleicht eine Zeit der Ruhelosigkeit erleben. Vielleicht weist es auch darauf hin, dass Sie in all Ihren Vorhaben und Handlungen schlauer sein sollten." Mit Hale Bobs Worten zu diesem Termin ergab das Ganze einen Sinn. Er wies mich darauf hin, dass man dort nur an meinem Geld interessiert sei, mich nutzen wolle, aber ein Geben und Nehmen mit diesen Menschen nicht in Einklang käme. So wusste ich genau, was zu tun war. Ich sagte nicht zu und organisierte einen anderen Seminarraum, auf dessen Weg zur Besichtigung mir ein Fischreiher in der Wiese begegnete, der mir mit seinem Erscheinen deutlich machte, alles sei in bester Ordnung und ich könne weitergehen.

Auf diese Weise nutze ich die Energie der Tiere symbolisch in meinem Leben. Begegnet mir eines besonders, hat es immer etwas mit mir zu tun, es hat mir immer auch etwas über meine momentanen Lebensumstände und deren Energien zu sagen. Machen Sie sich Ihr Leben leichter, nehmen sie Ihre Umgebung wahr. Sind Sie auf Ihrem Weg im HIER und JETZT ganz da und bei sich, werden Sie die tiefe Weisheit des Augenblicks erfahren und die Kraft der Tiere zu lesen beginnen. Übrigens können Sie auch in Ihren Chakren Krafttiere finden, die Ihnen etwas über die Qualität Ihrer Energie in den jeweiligen Kraftzentren Ihres Körpers, Ihres Seins sagen. Lernen Sie diese zu deuten, werden sich weitere Wege im Sein eröffnen.

Praxis

1. Gedankenmagie zum Stillstand bringen

Ertappen Sie sich dabei, einen Gedanken zu denken, der nicht freundlich ist, der möglicherweise einem anderen Wesen schaden könnte? Verbrennen Sie ihn oder hüllen ihn in violettes Licht, damit er transformiert wird. Schlechte Gedanken lassen sich auch von einer Maschine schlucken, die sie reinigt. Ich habe mir in meinem Geist beispielsweise eine Fleisch fressende – beziehungsweise Gedanken fressende – Pflanze geschaffen. Sie verschluckt jeden noch so unschönen Gedanken, und ich kann sehen, wie sie seine in Licht gewandelte Energie durch die Wurzeln in die Erde abgibt.

Von einigen Menschen hörte ich, sie nutzen ein **STOP**-Schild, um ihre Gedanken zu stoppen. Auch in der Kommunikation beziehungsweise in der Vorbereitung darauf. Schöpfen Sie voll aus Ihrer Vorstellungskraft, was dieses Thema betrifft. Mit der Kraft der eigenen Vorstellung erzeugt ein Wesen neues Bewusstsein. Spirituelle Energie kann freigesetzt werden und eine erweiterte Wahrnehmung beziehungsweise neue Erfahrungen kommen zustande.

Will ein Gedanke überhaupt nicht zur Ruhe kommen, dann erschaffen Sie in Ihrem Geist eine Rose. Die Farbe, in der Ihnen die Rose erscheint, spielt dabei keine Rolle. Sehen Sie die Rose an und zerstören Sie sie wieder. Möglicherweise verbrennen Sie sie oder rupfen die einzelnen Blütenblätter ab. Knicken Sie den Stil, lassen Sie sie platzen oder ... ich weiß nicht was. In Ihrem Geist wird die richtige Variante kommen. Reicht eine Rose nicht aus, so erschaffen und zerstören Sie Rosen oder andere Blumen so lange, bis sich der Gedanke oder die Energie, die Sie gefangennahm, aufgelöst hat. Mit dieser Übung wird die störende Kraft langsam aufgelöst und neue Eindrücke beziehungsweise stärkende Gedanken und Energien dürfen entstehen.

2. Die eigene Energie erhöhen

Errichten Sie nun wie gewohnt den Schutzkreis. Nehmen Sie eine sitzende oder liegende Haltung ein, eine Haltung, in der Sie sich wohl fühlen, die ganze Übung über. Dann stellen Sie sich Ihren Körper vor. Woraus besteht er für Sie? Ist es ein sehr fester Körper oder ist er vielmehr fließend?

Das fließende Gewässer

Fühlen Sie Ihren Körper als etwas Fließendes, dann bedienen Sie sich möglicherweise des Wassers. Lassen Sie das Wasser durch sich fließen oder werden Sie selbst zu einem fließenden Gewässer. Erleben Sie das Glitzern der Sonne im Wasser und wie die leichte Bewegung des nassen Elements Sie neue Energie tanken lässt. Vielleicht lassen Sie es auch im Körper regnen. Jede Situation, in der sich das Licht im Wasser bricht, jede Reibung der Kristallstrukturen im Wasser erhöht Ihre Energie. Erleben Sie, wie beweglich Sie als Gewässer sind, wie Sie alle Hindernisse spielend beheben, sie überfließen oder sich einen Weg um sie herum suchen. Erleben Sie auch, wieviel Stärke im Wasser liegt. Das Wasser reißt mit sich und reinigt. Einem kraftvollen Strom halten auch menschlich geschaffene Bauten nicht unbedingt stand. Spülen Sie also hinweg, was Ihnen längst nicht mehr dienlich ist. Dann lassen Sie das Wasser in sich wieder zur Ruhe kommen. Betrachten Sie Ihr Gewässer erneut. Wie fühlt es sich an, wie fühlt sich der Körper nun an? Ist alles in Ihnen im Fluss oder staut sich noch etwas? Entscheiden Sie, ob die Übung für Sie beendet ist oder ob blockierende Energien erneut mit den Kristallstrukturen des glitzernden Wassers in Berührung kommen.

Edle Steine

Haben Sie beim ersten Fühlen in Ihren Körper eher feste Strukturen wahrnehmen können und möchten dies zum gegenwärtigen Zeitpunkt auch nicht ändern, so entdecken Sie für sich vielleicht die Steine als Energiereservoir. Möglicherweise sind es kleine Kristallspitzen, die statt des Wassers Ihre Energie erhöhen. Nutzen Sie die Vielfalt der Kristalle und ihrer Farben.

Ich schlage Ihnen nun vor, mit Ihrem Geist in die Erde zu gehen. Wandern Sie durch die Erde und betrachten Sie die Schätze, die unter der Erde für Sie bereitliegen. Kristalle und edle Steine in allen erdenklichen Farben und Formen werden Ihnen begegnen. Sie laden Sie ein, sich an ihrer Kraft zu laben. Nehmen Sie Kontakt mit dem Hüter eines Steins auf und fragen ihn, welche Kraft er Ihnen in der gegenwärtigen Situation spenden kann und ob er sich dazu bereit erklärt. Fragen Sie, ob Sie eintreten dürfen in den Stein – die facettenreiche Gestaltung der Kristalle lässt die Energie in jede Ihrer Zellen strömen. Natürlich kann es auch sein, dass Sie sich plötzlich in einem Kristallpalast wiederfinden. Spüren Sie einfach nur die Kraft, die von diesen Hütern der kosmischen Energien in der Erde ausgeht. Tanken Sie diese Kräfte und lassen sich ganz von ihnen erfüllen.

Was auch immer in diesen Übungen geschehen mag, es ist für Sie bestimmt und hilft Ihnen auf dem Weg, Ihre eigene Kraft zu entfalten. Nutzen Sie diese Geschenke von Mutter Erde und kehren mit Ihrem Bewusstsein nun in Ihren physischen Körper zurück. Heben Sie den Schutzkreis auf und sein Sie im HIER und JETZT.

Übrigens haben Sie sich mit dieser Übung einem Aspekt der Psychometrie geöffnet. Benannt wird so die Fähigkeit, zu erspüren und zu entdecken, welche Kräfte in Gegenständen wie beispielsweise Steinen stecken.

Eigene Energiebälle zurückholen

Erden Sie sich, wie ich es schon häufig in diesem Buch beschrieben habe. Stellen Sie sich nun einen Korb mit Bällen vor. Es können bunte Bälle sein, einfarbig, gezackt .... wie auch immer, wichtig ist für Sie, dass Sie beginnen zu unterscheiden, welche Bälle Ihre eigenen sind und welche Bälle zu anderen Personen gehören oder zu Ereignissen, die Ihnen nicht mehr dienlich sind.

Ich könnte mir vorstellen, dass diese Bälle eine andere Farbe, ein anderes Muster haben als Ihre eigenen. Vielleicht sind sie auch einfach nur schwarz. Betrachten Sie die Energie der Bälle, sehen Sie in sie hinein und betrachten das Ereignis als Bild, welches den Ball färbte. Dann bedanken Sie sich für diese Erfahrung und lassen den Ball gehen. Werfen Sie ihn einfach aus Ihrem Korb heraus. Das machen Sie mit allen Bällen, die nicht zu Ihren persönlichen passen. Passiert es Ihnen, dass einer der Bälle nicht gehen will und immer wieder in den Korb zurückspringt, so umhüllen sie ihn mit einer violetten Kugel und bitten das Göttliche, dieser Energie den nächsten Schritt zu ermöglichen. Sie können die Bälle, anstatt sie hinaus zu werfen, auch mit der violetten Flamme verbrennen oder in Rosen packen und zerstören.

Nun rufen Sie Ihre fehlenden Energie-Bälle, die vielleicht noch bei anderen Menschen tanzen, wieder zu sich zurück. Es ist Ihre persönliche Energie, mit der kein anderer etwas anfangen kann. Deshalb scheuen Sie sich also nicht, sie aus anderen Körben herauszunehmen.

Es ist ausschließlich Ihr persönliches Recht, mit der Ihnen innewohnenden Kraft zu arbeiten, solange Sie keinem anderen die Erlaubnis dazu erteilt haben.

3. Reinigung der Herzen, diktiert von Hale Bob

Wie viele Wunden und Verletzungen befinden sich in den Herzen menschlicher wie nicht-menschlicher Wesen? Ich glaube, es sind sehr viele, denn Hale Bob diktierte mir zu einem der keltischen Jahreszeitenfeste eine Übung zur Reinigung der Herzen.

„Ich werde Euch den Weg weisen in Eure Herrlichkeit. Beginnt mir zu folgen auf meinem Weg. Ich führe Euch tief in das Reich Eurer Herzen. Da werdet Ihr finden, was Ihr so verzweifelt sucht. Es ist die Liebe in Eurem Sein, die sich Schritt für Schritt entwickelt und in die Welt gebracht werden soll. Seht sie als Euer Projekt – als Projekt der Herzen.

Ich möchte Euch nun eine Übung vorschlagen, die Ihr machen könnt. Steht auf und erdet Euch mit der Kraft Eurer Herzen. Verbindet Euch mit dem Pulsschlag der Erde, verbindet Euch mit Eurem Sein. Ich werde Euch führen in die anderen Reiche.

So, nun wollen wir beginnen: Beginnen wir mit der Liebe, die Ihr in Euren Herzen finden wollt. Schaut sie Euch an, wo liegt sie verborgen? Rechts, links, oder in der Mitte Eures Seins? Macht Euch auf den Weg, diese Liebe zu entfalten. Mit ihr steht Euch mein Königreich offen. Tretet ein in Eure Herzen und betrachtet die Wege und Furchen, die Ihr gerissen habt. Glättet sie mit Eurer Liebe und sät in Eure Herzen den Funken des Vergessens.“

Hale Bob, wie sieht für Dich das Vergessen aus?

„Wenn Ihr alles löscht, was einst in Euch war. Dann lasst Eure Tränen fließen, lasst den Regen Eure Saat begießen. Segen bringe ich Euch nun, lasst die alten Wunden ruh'n. Lasst den Frieden in Euch sausen und das Herz in Frieden brausen.

Jetzt geht und spielt, Ihr jungen Kinder, Friede sei in Eurem Sein. Alles Leben bringt die Liebe, alle Kraft sei klar und rein.“

Wenn es darum geht, alles zu löschen, was einst in einem war, dann wird das bei dem ein oder anderen von Ihnen vielleicht noch Widerstand hervorrufen. Ist das so, betrachten Sie dies ganz in Ruhe, ohne es zu werten. Ich habe für mich finden können, dass ich ein Schutzmuster, welches ich vielleicht in einer früheren Inkarnation aufbaute, um mich vor bestimmten Wiederholungen in weiteren Leben zu schützen, auflösen konnte, hatte ich die Kraft erkannt, die hinter diesem Ereignis oder der Angst dazu lag. Das Muster war überflüssig geworden, ich gab es an die Akasha-Chronik ab, bat um ein Up-date meiner Energien sowie Informationen und lebe ohne dieses Muster sehr viel leichter.

4. Die Krafttiere in den sieben Chakren

Für die Begegnung mit den Krafttieren in Ihren Chakren errichten Sie einen Schutzkreis zwischen den Welten und jenseits der Zeit, der Sie im Rahmen Ihrer Wohnung schützt. Legen Sie sich bequem aufs Sofa oder den Boden, decken Sie sich möglicherweise mit einer Decke zu, damit Sie während dieser Reise nicht etwa frieren. Nun werden Sie still. Schauen Sie sich geistig den Regenbogen an, der sich über Ihnen befindet, und lassen Sie sich von ein bis zwei Farben einhüllen. Sie werden für Ihren weiteren Schutz sorgen.

Öffnen Sie nun als erstes das erste Chakra und begeben Sie sich mit Ihrem Bewusstsein in dieses. Sehen Sie sich um. Im Raum Ihres ersten Chakras werden Sie ein Tier finden. Tritt es nicht auf Anhieb in Erscheinung, so bitten Sie das Tier, sich zu zeigen. Betrachten Sie einander und nehmen Sie höflich Kontakt zu diesem Wesen auf. Kommen Sie sich näher, so fragen Sie es, welche Kraft es Ihnen spendet, warum es in diesem Chakra wirkt. Welche Botschaft hat das Krafttier für Sie? Welche Energien können Sie aus dieser Begegnung nutzen? Haben Sie alle offenen Fragen miteinander geklärt, Weisungen erhalten oder sonstiges, so bedanken Sie sich bei der Ihnen innewohnenden Kraft. Verabschieden Sie sich, schließen Sie das Chakra, so weit es Ihnen dienlich, ist und treten den Weg ins nächste Chakra an, wenn Sie mögen.

Auf diese Weise reisen Sie durch alle sieben Chakren, vom Wurzel- bis zum Kronenchakra, und kontaktieren Ihr in dem Chakra wohnendes Krafttier. Fragen Sie es jeweils nach seiner Botschaft, seinem Auftrag oder seiner Kraft, die es Ihnen schenkt. Dann gehen Sie mit Ihrem Bewusstsein wieder in den physischen Körper. Sie sehen nochmals die Regenbogenfarben, die Sie schützen, und öffnen die Augen. Sie sind im HIER und JETZT.

Krafttiere mit hilfreicher Energie

Möglicherweise haben Sie in einem Chakra ein Tier gefunden, welches mit seiner Energie nicht mehr stimmig zu Ihren Lebensumständen passt oder welches von der Bestimmung zum Chakra ganz ungünstige Kräfte sendet. Dann fragen Sie nach, was getan werden kann, um eine neue Kraft in dieses Chakra zu rufen. Arbeiten Sie mit den Kräften. Doch wissen Sie, es gibt immer einen Grund, warum etwas ist, wie es ist. Betrachten Sie diesen vor jeglicher Handlung.

Anbei habe ich eine kleine Auswahl an Krafttieren für die sieben Hauptchakren, die Ihnen den Weg weisen können. Es sind aber wie immer nur Beispiele:

Wurzelchakra

Um die eigene Körperlichkeit zu erfahren, die Gründung einer Familie positiv zu unterstützen und Stabilität ins Leben zu bringen, aber auch, um in Finanzen, Beruf und Ernährung – eben allem, was die physische Existenz und damit das erste Chakra betrifft – unterstützend wirken zu können, dienen besonders Krafttiere wie beispielsweise das Pferd, das sammelnde Eichhörnchen, Dachs und Bär, der mit innerer Kraft agierende Elefant, der schlaue Fuchs, die Fäden des Lebens webende Spinne, oder auch der Stier, Ochse, das Schwein und die Ratte.

Sakralchakra

Da das zweite Chakra als das der Sexualität gilt, ist es in ihm natürlich dienlich, Krafttiere zu haben, die die Lebensbereiche Partnerschaft und Gefühle, Sexualität, Sinnlichkeit und Lust, aber auch den Freundeskreis, das Spielen und schöpferische Kräfte ansprechen. Wieder Bär, Dachs und das diesmal gesellige Eichhörnchen, die familiären Kräfte der Maus, Ratte und das Herdentier Pferd stehen für eine positive Ausrichtung im 2. Chakra. Auch Biene, Delfin und andere Meerestiere, Katze, Frosch, Hase, Hund und Schmetterling sind in diesem Chakra gern gesehene Gäste.

Nabelchakra

Die Handlungs- und Leistungsbereitschaft in den Bereichen der eigenen Persönlichkeit, des sich Durchsetzens und Nein-sagen-könnens in der Gesellschaft, aber auch die der Kraft und des Wachstums, der Fülle und Aktivität ist Tieren zu eigen wie dem Huhn, dem Widder und Steinbock, dem Wolf und Hund, sowie Maus, Ratte, Spinne und Pferd. Sie alle beleben das dritte Chakra mit ihrer Kraft.

Herzchakra

Dem vierten Chakra, dem Herzchakra, scheinen nur wenige Tiere wirklich dienlich zu sein, beispielsweise die Biene, die Fledermaus und der Hund. Hier geht es um die selbstlose Liebe, die eine Biene in ihrem Volk benötigt, um ihm dienen zu können. Das Mitgefühl und die Hilfsbereitschaft findet jeder Mensch in dem mit ihm lebenden Hund, genauso wie ein Streben nach Harmonie. Die Heilung hingegen liegt in der Fledermaus. Sie steht beispielsweise für die Wiedergeburt, die den vorherigen Tod als Bedingung hat. Dieses Thema betreffend geht es natürlich nicht um den körperlichen Tod, sondern um den des Loslassen-könnens eines erwählten Schutzmusters beispielsweise. Sich einlassen auf ein Gegenüber ist das Thema, welches im Herzchakra also Entfaltung findet. Doch Antilope und Taube (Frieden) helfen auch im Herzchakra.

Kelhkopfchakra

Das Chakra der Kommunikation ist für mein Verständnis eines, welches bei den meisten Menschen Störungen aufweist. Gefühl und Verstand zu vereinen ist eben auch nicht so leicht. Doch auch Inspiration und Selbstausdruck beispielsweise durch Musik, Tanz und Kunst entspringen diesem Bereich des Seins. Der Wunsch nach Freiheit und Unabhängigkeit sowie das Wissen an sich ergießt sich aus den Energien dieses Chakras. Hilfreiche Krafttiere fürs fünfte Chakra sind der Frosch und die Libelle, der weiße Elefant, Pfau, Rabe und Schmetterling.

Stirnchakra

Das dritte Auge, das Chakra der Erkenntnis und des geistigen Sehens, reguliert Fähigkeiten wie beispielsweise die Phantasie, die

Intuition und Vision, die Kraft der Gedanken und deren Manifestation. Das Erkennen des Lebenswegs liegt in diesem Kraftzentrum und auch das Wahrnehmen feinstofflicher Welten. Das sechste Chakra wird von Adler und Eule beflügelt. Die Schlange der Weisheit und die Fledermaus dienen diesen Fähigkeiten.

Kronenchakra

Die Hingabe an das, was ist, die Meditation und Stille sowie das Erwachen und Einswerden in Gott offenbaren sich durch das siebte, das Kronenchakra. Hier liegt auch das Zentrum des geistigen Wissens eines jeden Wesens. Natürlich dienen beispielsweise die weise Eule, die Schlange, der Hirsch als Bote der Lichtreiche, der Schwan, die Taube als Symbol des Friedens sowie Spinne und Aal hilfreich in diesem Energiezentrum.

Das „persönliche" Krafttier

Haben Sie nun auch Interesse bekommen, das Krafttier kennenzulernen, welches Sie durch Ihr ganzes Leben begleitet? Es hat eine ähnliche Bedeutung wie die Farbe, Note oder der Strahl unserer Energie, auf dem wir gekommen, in dieses Leben inkarniert sind. Sie erzählen ebenso wie das Krafttier von den in uns schwingenden Eigenschaften. Um Ihrem „persönlichen" Krafttier zu begegnen, reisen Sie erneut in die geistigen Welten.

Begeben Sie sich wie eben durch den Regenbogen auf die Reise. Anstatt aber in ein Chakra zu gehen, durchschreiten Sie nun eine Nebelwand. Hinter dieser wird Ihr ganz persönlicher Ort liegen, der Platz oder Raum, den Sie für sich als Rückzugsidylle bestimmt haben. Vertrauen Sie darauf, Sie werden ihn sehen, auch wenn Sie bislang noch nicht wussten, dass es diesen Raum für Sie gibt.

Schauen Sie sich um, gehen Sie spazieren und beobachten, welche Tiere sich Ihnen zeigen auf Ihrer Reise. Begegnen Ihnen mehrere, so achten Sie darauf, welches der Tiere sich Ihnen dreimal auf verschiedene Art und Weise zeigt. Möglicherweise in verschiedenen Stellungen, Seitenansichten oder während verschiedener Tätigkeiten. Sprechen Sie dieses Tier an und fragen Sie es, ob es Ihr persönlicher Begleiter aus dem Reich der Krafttiere ist. Wenn Sie mögen, fragen Sie nach seinem Namen, und bitten Sie das Tier, sich in Ihrem Leben auch im Außen bemerkbar zu machen. Bitten Sie auch hier um eine Botschaft der wirkenden Kräfte, oder fragen Sie, ob noch ein bestimmtes Ritual zu vollziehen ist, um mit seiner Kraft zu arbeiten beziehungsweise diese zu nutzen. Fragen Sie Ihr Krafttier auch, ob es Ihnen etwas Wichtiges zu sagen hat. Sind alle Punkte zwischen Ihnen und Ihrem neuen, lichtvollen Begleiter geklärt, so bedanken Sie sich herzlich.

Verlassen Sie Ihren persönlichen Raum nun wieder durch die Nebelwand und kehren zurück ins HIER und JETZT. Recken Sie sich, strecken Sie sich. Nehmen Sie Ihren Körper wahr. Dann heben Sie den Schutzkreis auf und begeben sich wieder in Ihren Alltag.

Karma – Energie aus vielen Leben

Auch Karma ist eine Energieform, die im Leben Wirkung zeigt. Doch muss sie nicht in diesem entstanden sein. Im ersten Teil des Buches erwähnte ich kurz mehrere Leben, die Hale Bob und ich gemeinsam verbrachten. Wir lebten mehrmals als Mann und Frau, auch als Tochter und Mutter und nun für eine Weile als Pferd und Mensch miteinander. Ich weiß, dass ich schon mehrfach auf der Erde lebte. Immer wieder habe ich mich auf sie begeben, um zu lernen, aufzulösen und zu geben. Um von Karma, Heilwerdung und allem weiteren sprechen zu können, möchte ich nun an Ihre Vorstellungskraft appellieren, Leben um Leben hier auf der Erde verbringen zu können.

Karma an sich möchte ich als laufende Prozesse bezeichnen, die über den einen physischen Tod hinaus wirken. Sie sind noch aktiv, die Energie ist existent und wirkt. Es ist wie mit einem Gedanken oder Wunsch, der mit großer Kraft erzeugt wurde. Wird seine Energie gehalten, wirkt auch sie unaufhörlich. In Bezug auf Karma können es Verbindungen zwischen zwei Wesen sein, die irgendwann einmal, vielleicht vor vielen, vielen Leben geknüpft, aber nicht beendet wurden. Auch Schwüre – seien es Glaubens-, Rache- oder Liebesschwüre – gehören dazu. Sie erzeugen eine Energie, ein Karma, welches über den physischen Tod hinaus in weitere Leben wirkt. Die Energie hat Bestand, bis sie gelöst wird. Das mag auch erklären, warum man manchmal vom Moment der ersten Begegnung an eine fast unerklärliche Zuneigung für Tier oder Mensch, aber auch Orte empfindet, oder im Gegenteil großes Unbehagen. Möglicherweise ist es dann ein Ereignis aus vergangenen Zeiten, welches seinen Schatten auf den heutigen Weg wirft. Seine Energie ist in uns und der Beziehung zu diesem anderen Wesen gespeichert und begegnet uns wieder, sobald es an der Zeit ist. Es wurde in den Lebensplan mit eingebaut, um gelöst zu werden.

Selbstverständlich ist der Begriff Karma wertfrei. Weder negativ noch positiv. Was gesandt wurde, kehrt zurück. In welcher der beiden Polaritäten, wurde festgelegt, als die Energie entsandt wurde – aus jedem selbst. Dabei muss die Energie nicht ausschließlich in anderen Leben ihren Ursprung haben. Auch in diesem Leben in die Welt gegebene Ereignisse ziehen ihre Kreise. Ob gute oder schlechte entscheidet das Wesen selbst, mit den Taten, Gedanken und Worten, die es in die Welt gibt. Die Meister aus den Lichtwelten raten deshalb, die sich in der Aura manifestierende Energie aus einem zum Missklang führenden Ereignis sofort mit der violetten Flamme aufzulösen. So kann sie nicht mehr auf den Verursacher zurückfallen und es wird kein weiteres Karma gebildet. Paul, der Venezianer, sprach als Träger des großen Amts des Maha Chohan in einer Botschaft für „Die Brücke zur Freiheit e.V.“: *„... Jeder möge prüfen, ob es noch Differenzen mit einem anderen gibt, die bisher nicht ausgeräumt wurden ... , dann möge er sich beeilen, diese mit der violetten Strahlung aufzulösen, damit beide frei davon werden.“*

Für mich ist es deshalb der Weg der Liebe, der mit Achtung und Respekt einem jeden Wesen gegenüber zum Auflösen, aber auch zur Vermeidung von negativem Karma führt. Gleich, ob mir Tier oder Mensch Achtung entgegenbringen oder nicht. Ich werde meine Achtung in Liebe leben, einen Weg im Miteinander finden ohne Druck und Kraftaufwand oder aber trennende Wege beschreiten. Im Grunde gibt es nämlich nichts zu tun, außer bei sich selbst zu bleiben. Sorgt also ein Wesen dafür, dass ich mich verliere, so betrachte ich, womit dies zusammenhängt. Kann ich den Weg dann gemeinsam mit dem Wesen gehen, gut. Wenn nicht, löse ich die Verbindungen auf geistiger Ebene und sorge so für Unversehrtheit. Es ist wohl der so häufig gelebte Schlagabtausch, der als Druck an ein Gegenüber gerichtet und von diesem an den Versender zurückgeht, der die Spirale der negativen, schwächenden Ursache entstehen lässt. Sie jedenfalls dreht sich unaufhörlich nach oben, solange die Beteiligten, salopp ausgedrückt, „ins gleiche Horn blasen“. Im Umgang mit Tieren habe ich diesen Schlagabtausch übrigens als sehr schmerzhaft für beide Seiten erleben müssen, der nicht ohne Verletzungen, seien sie körperlicher oder seelischer Natur, begangen wird. Die Macht des Menschen scheint manches Mal übergroß, die Gegenwehr des Tieres sinnlos.

Misshandlungen von Tieren haben möglicherweise aber auch mit ihrem persönlichen Karma zu tun, und es wäre besser, wenn sie es leben dürften. Ebenso wie Krankheiten. Auch sie dienen dem Tier möglicherweise dazu, Karma abzubauen. Deshalb ist es nach wie vor wichtig, auch solche Ereignisse als wertfrei zu betrachten. Nicht körperlich einzuschreiten, wenn es möglich ist. Weiter haben mir die Tiere mehr als einmal zu verstehen gegeben, sie dienten uns in bedingungsloser Liebe. Haben Misshandlungen von Tieren mit dem nicht auf das Licht ausgerichteten freien Willen des Menschen zu tun, der sie sich untertan macht, wie es ihm gefällt, so ist das so. Ich weiß, es scheint schrecklich, und ich weiß auch nicht, wo die Grenze ist, ab der man einschreiten sollte. Die Menschheit lädt sich so viel Karma auf – Gruppenkarma durch Massenschlachtungen an erkrankten Tieren, Fleischbeschaffung und Lebensraumzerstörung. In meinen Augen ist der ganghbare Weg jener, mit sich selbst bewusster umzugehen. Sich zu beobachten, um auch die Umgebung und die Energien in ihr wahrzunehmen, die uns und alle Wesen beeinflussen. Wir müssen tatsächlich mit unserer eigenen Heilung beginnen. Denn ich frage Sie, wie kann ich voller Harmonie und Liebe einem anderen Wesen begegnen, solange ich mir nicht selbst harmonisch und liebevoll gegenübertrete?

Und deshalb sollte jetzt nicht alles von Ihnen als wirkende Energie entschuldigt werden. Schließlich ist es an jedem Einzelnen, seine Wege zu wandeln. Wir entschließen uns frei, in Entwicklungsprozessen zu stagnieren oder voranzuschreiten; vielleicht den Schmerz der Vergangenheit gehen zu lassen und sich neuen Ufern zu öffnen. Manches Mal fühlt man sich vielleicht ganz wohl in dem gerade gelebten Schmerz, ist noch nicht bereit, einen Schritt nach vorne zu tun, und verharrt. Das ist nicht schlimm, das ist einfach so. Da gibt es nichts zu urteilen. Kommt der Moment, in die lichtere Zukunft zu blicken, ist es der beste Zeitpunkt – immer. Shiva, ein kleiner Araberwallach, verbrachte ein paar Jahre seines Lebens nicht an dem Ort seiner Wahl. Die Umstände der Menschen, aber wohl eher sein Entwicklungsprozess – wie aus meinem Gespräch mit ihm hervorgeht –, brachte es so mit sich. Eine Weile litt er unter diesem Zustand, dann machte sich seine Menschenfreundin auf den Weg, ihn wieder zu sich zu nehmen. Vor seiner Reise bat sie mich, ihm die nahende Umstellung zu erklären und ihn auf seinen Weg vorzubereiten. Das sprachen wir:

Hallo, Shiva, da bin ich noch einmal. Hast Du Dich an den Gedanken gewöhnt, heute nach Hause, nach Italien, zu reisen?

„Es ist mir noch so fremd, ich glaube es erst, wenn ich es mit eigenen Augen sehe. Das habe ich über Nacht beschlossen.“

Ja, sie werden heute kommen und Dich mitnehmen, glaube es nur.

„Es ist der Wunsch meines Lebens, sie wieder zu sehen und mit ihr zu leben.“

Möchtest Du Deiner Menschenfreundin noch etwas sagen?

„Mein Herz wird sich ihr wieder öffnen. Meine Freude ist übermäßig groß, sie wieder zu sehen, sie wieder in meine Arme schließen zu können. Es ist die Liebe, die uns verbindet. Wir werden ein unschlagbares Team werden. Ich weiß, meine Zukunft wird gesichert sein.

Ich danke ihr aus der Tiefe meines Herzens. Sie ist ein großes Wesen. Sie hat die Freiheit zu lieben und die Freiheit zu geben. Sie liebt alle Wesen dieser Erde und auch mich, und auch mich!

Ich werde tapfer sein und den Weg nach Italien auf mich nehmen, weiß ich doch, dass mich meine Freunde erwarten. Freunde, mit denen ich gewachsen bin. Groß wird die Freude sein, sie wiederzusehen. Groß wird die Freude sein, endlich wieder zu leben.

Weißt Du, das Leid kann nur so lange existieren, wie man ihm Raum gibt in seinem Sein. Ich habe ihm zu lange Raum gegeben, werde mich nun darauf konzentrieren, die Wege zu wandeln. Ich bin frei. Ich bin der Erschaffer meiner Gegenwart und meiner Zukunft. Das habe ich erfahren dürfen in dieser Zeit. Ich habe viel gelernt und bin gewachsen. Ich bin bereit, zu betreten das Reich der Herrlichkeit. Ich will lieben und geben, anstatt geliebt zu werden. Ihre Liebe hat es möglich gemacht, mir das zu zeigen, mir das vor Augen zu führen. Ich danke ihr aus der Tiefe meines Herzens dafür. Nun kannst Du gehen, nun ist alles gesagt. Ich liebe sie."

Shiva hat in diesem Leben den Schritt in die bedingungslose Liebe getan. Er arbeitet heute im Umfeld seiner menschlichen Gefährtin mit einem jungen Menschen, der ohne ihn möglicherweise auf die „schiefe Bahn" geraten wäre. Shiva gibt und liebt. Doch die Energie, die ausgesandt wird, kehrt auch zurück – alles besteht aus nehmen und geben. Shiva erhält die ungeteilte Aufmerksamkeit dieses jungen Menschen und wird von ihm geliebt.

Praxis

1. Eine Reise durch die Zeit in andere Leben

In mir gab es ein Gefühl, welches zwar wissentlich vorhanden war, aber so ganz und gar nicht zugeordnet werden konnte. Es tauchte auf in bestimmten Situationen, verging aber auch wieder und war einfach nicht zu lokalisieren. Ich machte mich also auf den Weg, seinen Ursprung zu ergründen. Gelandet bin ich in einem anderen Leben.

Natürlich beginnen Sie auch bei dieser Reise mit dem Errichten des Schutzkreises. Finden Sie nun einen bequemen Platz und legen sich hin. Schließen Sie die Augen und betrachten Sie geistig den Regenbogen, der sich über Ihnen gebildet hat. Hüllen Sie sich in ein oder zwei Farben dieser unglaublichen Kraft und sprechen Sie nun aus, von welcher Ihrer Unausgewogenheiten Sie auf der Reise den Ursprung finden möchten. Treten Sie jetzt durch das vor Ihnen liegende goldene Tor. Am Eingang des Tores werden Sie bereits von Ihrem Führer für diese Reise erwartet.

Das Wichtigste ist jetzt, sich einfach führen zu lassen. Gehen Sie mit Ihrem Bewusstsein, gehen Sie als geistiges Wesen nun ins sechste Chakra, öffnen Sie es und schauen sich an, was Ihnen begegnen möchte. Fragen Sie, sobald Sie nicht weiter wissen, den begleitenden Führer um Rat. Möglicherweise liegen Ereignisse vor Ihnen, die Erlösung fordern. Vielleicht erhalten Sie auch Bilder, Gefühle oder Worte, die einer Erklärung bedürfen. Werden Sie kreativ, fragen Sie, wie Sie aus dieser oder jener Situation unbeschadet herauskommen, was zu tun ist, um Transformation in Ihre Gefühle zu bringen. Wenden Sie sich vertrauensvoll an Ihre Führung.

Haben Sie alle Informationen erhalten, die für Sie notwendig scheinen, so verlassen Sie den Ort des Geschehens wieder durch das goldene Tor. Achten Sie vorher aber darauf, dass Sie alleine sind und nichts und niemanden als Energie von dieser Reise mitnehmen. Reinigen Sie sich, bevor Sie das Tor wieder durchschreiten. Bedanken Sie sich nun bei Ihrer Führung. Möglicherweise erhalten Sie letzte Weisungen. Dann treten Sie erneut in den Regenbogen ein. Hüllen Sie sich in die Farbe, die jetzt für Sie notwendig ist. Legen Sie sich diese Farbe auf Ihr Kronenchakra und kehren zurück ins HIER und JETZT.

Lösen Sie den Schutzkreis auf. Möglicherweise sollten Sie sich nun noch die Zeit nehmen, Ihre Reise aufzuschreiben. Das gilt übrigens nicht nur für diese, sondern jegliche Erfahrung.

2. Das Lösen von Karma mit Hilfe von Rosen

Die Rose als Symbol für Harmonie und Schönheit wird hier verwendet, um zwischen den beiden Wesen, zwischen denen das Karma gelöst werden soll, Neutralität zu schaffen. Alle schwachen Energien, solche, die noch nicht erlöst werden konnten, tauchen somit in der Vorstellung einer Rose nicht auf.

Schaffen Sie wie vor jeder Übung den gewohnten Schutzkreis. Setzen Sie sich bequem auf einen Stuhl, erden Sie sich und lassen die Energien aus Mutter Erde und dem Kosmos durch sich fließen. Werden Sie ruhig.

Dann erschaffen Sie zwei Rosen, von denen die eine für Ihre eigene Energie steht, die andere für die Energie des Wesens, mit welchem Sie die karmische Verstrickung lösen möchten. Sehen Sie sich die Rosen genau an. Was haben Sie für Farben? Sind sie groß oder klein, voll aufgeblüht oder schon ein wenig welk? Geht der Stil tief in die Erde oder hat er vielleicht gar keine Wurzeln und schwebt oberhalb im Raum? Sehen Sie sich auch die Energie zwischen Ihrer und der zweiten Rose an. Wie sieht sie aus? Hell oder dunkel, farbenfroh oder eintönig? Ist es viel Energie oder nur ein wenig? Lassen Sie diese Energie nun in die Erde abfließen und betrachten Sie dabei ruhig die Bilder, die sich Ihnen zu dieser Arbeit zeigen wollen. Sehen Sie sich die Gesichter an, die Ihnen einst diese Bilder gegeben haben, und lassen Sie alle Energien in die Erde abfließen.

Nun erschaffen Sie mit Ihrer Vorstellungskraft einen Ring, in dem ein Stück zur Ganzheit fehlt. Betrachten Sie den Ring, nehmen Sie ihn wahr und setzen das fehlende Stück – gleich einem Tortenstück – wieder ein. Betrachten Sie den Ring erneut. Hat er sich verändert? In Substanz oder Farbe vielleicht? Als nächstes erschaffen Sie eine dritte Rose. Lassen Sie den Ring in die Rose fallen und betrachten Sie, was passiert. Lösen Sie nun die Rose auf. Es ist getan.

Auch die beiden anderen Rosen sind aus Ihrem Blickfeld verschwunden. Alles hat sich aufgelöst. Wenden Sie sich mit der Kraft Ihres Herzens jetzt an die Hüter der Akasha-Chronik, Akasha und Devos. In ihrem Buch wird alles notiert, was je auf der Erde gesprochen, gedacht oder getan wurde. Geben Sie das Geschehene an die Hüter dieses Buches ab und bitten in der Chronik um ein Up-date Ihrer Energie. Bitten Sie darum, neue Bilder in Ihrem Sein, in Ihrer Seele erschaffen zu können, so dass die alten Sie nicht länger binden. Bitten Sie mit der Kraft Ihres Herzens und kehren Sie zurück in den Alltag. Schutzkreis aufheben nicht vergessen.

3. Das Lösen einer Verbindung mit Hilfe von Erzengel Michael

Das Wichtigste bei dieser Arbeit scheint mir, sich bewusst zu machen, welche Verbindungen wirklich bereit sind, komplett gelöst zu werden. Manchmal ist es nämlich sinnvoll, Verbindungen nur so weit zu lösen, dass die Energie, die angemessen ist, noch fließen kann. Ansonsten wird das andere Wesen möglicherweise durch eigenes Unverständnis in die Position gelangen, Ihre Energie noch stärker abziehen zu müssen. Sie können sich während Ihrer Arbeit also vornehmen, so lange und so viel oder -wenig Energie fließen zu lassen, wie es notwendig ist, damit Ihr Gegenüber die Möglichkeit hat im eigenen Tonus zu verstehen. Ist der richtige Zeitpunkt zum Trennen einer Verbindung gekommen, so schaffen Sie sich einen Raum, in dem sie gut geschützt sind. Errichten Sie einen Tempel zwischen den Welten und jenseits der Zeit, aber richten Sie sich auch in alle Himmelsrichtungen sowie in Kosmos und Erde aus. Binden Sie sich gut an diese Kräfte an, denn manchmal gefällt es dem ein oder anderen Wesen nicht, was Sie vorhaben. Dann ist es wichtig, gut geschützt und geerdet zu sein.

Nehmen Sie nun eine blaue Kerze zur Hand, die Sie an der Flamme des Südens *(Verbindung aufnehmen mit den Lichtkräften)* entzünden. Rufen Sie Erzengel Michael und Erzengel Chamuel zur Unterstützung. Mögen sie Ihnen zur Seite stehen, um im Sinne der göttlichen Quelle mit der ganzen Kraft Ihres Herzens zu handeln. Werden Sie nun wieder still, lassen Sie erd- sowie kosmische Kräfte durch sich fließen und warten Sie ab, was geschieht. Möglicherweise kommen Bilder hoch, die zu der Verbindung zwischen Ihnen und dem anderen Wesen gehören. Sehen Sie sie an und lassen sie gehen. Haben Sie bis zu diesem Zeitpunkt *„Das Schwert der klaren Unterscheidung“* noch nicht aus den Händen von Erzengel Michael erhalten, so bitten Sie ihn darum. Nehmen Sie es zur Hand und laden es mit der Kraft Ihres Herzens auf. Sehen Sie, wie es zu leuchten beginnt. Mit der reinen Kraft der Liebe trennen Sie nun die

Verbindung, die möglicherweise in Form von Fäden, Seilen oder noch dickeren Kabeln für Sie erkennbar ist. Haben Sie das Gefühl, Sie trennen nicht kraftvoll oder durchschlagend genug, so geben Sie noch mehr von Ihrer reinen Liebesenergie in das Schwert hinein. Dann trennen Sie erneut, bis wirklich alle Verbindungen – soweit sinnvoll – gekappt sind. Fragen Sie ruhig bei Erzengel Michael oder Ihrer persönlichen Führung nach, ob alles gelöst wurde.

Dann nehmen Sie ein Blatt Papier mit dem Namen der anderen Person oder ein Bild von ihr, eine Visitenkarte ... entzünden Sie dieses Symbol an der Flamme des Südens und an der blauen Kerze. Lassen Sie Ihr Symbol verbrennen – getragen vom göttlichen Willen und der Transformations-Energie. Nun geben Sie die Asche in einen Behälter. Fahren Sie mit ihm an ein fließendes Gewässer, sofort. Um auch während dieser Tätigkeit weiter geschützt zu sein, dehnen Sie den errichteten Schutzkreis aus. Stellen Sie sich vor, wie er sich über die gesamte Strecke bis zum Gewässer und darüber hinaus ausdehnt. Nutzen Sie Ihre Hände, um den Schutzkreis geistig zu erweitern, und bitten Sie darum, dass sie kein anderes Wesen wahrnimmt, solange Sie Ihr Ritual vollziehen. Dann machen Sie sich auf den Weg und lassen sich nicht aufhalten.

Am Ziel angekommen, treten Sie ans Ufer und leeren die Asche in den Fluss, Bach ... Waschen Sie das Behältnis aus und Ihre Hände rein. Dann fahren Sie wieder nach Hause. Setzen Sie sich nun hin und reinigen sich geistig von vergangenem Schmerz aus dieser Verbindung. Lassen Sie den weißen Strahl der Erneuerung und Hoffnung durch sich strömen, öffnen Sie all‘ Ihre Chakren und reinigen auch diese.

Singen Sie dazu, ganz nach Ihrer Melodie, dreimal:

„Wasser des Lebens, nimm hinweg meinen Schmerz.
Trag‘ in die See ihn, wo rein wird mein Herz.“

Dann wissen Sie, es ist getan. Danken Sie nun mit der Kraft Ihres reinen Herzens allen gerufenen Kräften an Ihrer Seite. Danken Sie auch jenen, derer Sie sich nicht bewusst sind – sie sind dennoch anwesend und helfen. Senden Sie jetzt alle zurück in ihre Reiche. Heben Sie den Schutzkreis auf und widmen sich wieder Ihrem Alltag. Es ist vollbracht.

Am günstigsten ist dieses Ritual an einem Wassertag (Fisch, Krebs, Skorpion) mit abnehmendem Mond durchzuführen. In den gängigen Mondkalendern werden Sie Informationen dazu erhalten, aber Ihre Intuition wird Sie auch so zu einem solchen Tag führen.

4. Energie- und Chakra-Reinigung mit der violetten Spirale

Errichten Sie einen Schutzkreis, setzen Sie sich entspannt hin und atmen tief ein und aus. Dann rufen Sie den aufgestiegenen Meister *St. Germain*, der auf dem siebten, dem violetten Strahl der Umwandlung, arbeitet. Rufen Sie ihn gemeinsam mit *Erzengel Zadkiel*, der sich der beständigen Sendung der violetten Flamme widmet. Bitten Sie beide und ihre Engellegionen um Hilfe bei der Transformation der Schatten, des Karmas und der unliebsamen Energien in Ihnen. Bitten Sie ruhig darum, alle Substanzen in Ihren Körpern reinigen zu dürfen.

Gehen Sie nun mit Ihrem Bewusstsein in Ihre Chakren in den Füßen. Sehen Sie sie an, öffnen Sie beide und beginnen Sie, die Fußchakren mit einer flammenden violetten Spirale zu reinigen. Lassen Sie die Spirale die Chakren reinigen und dann weiter nach oben kreisen. Lassen Sie sie schnell und schneller kreisen, zu Ihren geöffneten Kniechakren, weiter über das geöffnete Wurzelchakra (1. Chakra), die Chakren in den beiden Hüften nicht vergessen –, die gemeinsam mit dem Wurzel- und dem Polaritätschakra das Emotionalzentrum bilden – weiter über das geöffnete Polaritätschakra (das 2.), dann den geöffneten Solarplexus (3. Chakra), das geöffnete

Herzchakra (4.), das geöffnete fünfte Chakra, das der Kommunikation, das geöffnete dritte Auge (6. Chakra), und das geöffnete Kronenchakra (7.).

Sehen Sie, wie schnell sich die Spirale dreht und alle Energien, alle Verstrickungen, die Ihnen nicht mehr dienlich sind, allen Schmerz aus vergangenen Zeiten in Licht wandelt. In das Gold der göttlichen Quelle. Sehen und wissen Sie, wie der flammende Wirbel währen der Rotation immer heller wird, Ihre gesamten Energiekörper mit in die Reinigung einschließt und von der violetten Farbe langsam zu einer helleren, möglicherweise weißen oder goldenen Farbe wechselt. Halten Sie die Energie so lange aufrecht, bis sie ihre Farbe ändert. Die violetten Flammen reinigen Sie von allen Fremdenergien, aber auch Verstrickungen mit anderen Wesen und Ihren Schattenseiten. Diese werden transformiert und so als lichte Kraft Ihrer eigenen Energie wieder zugeführt. Ihr Bewusstsein wird sich neuen Erkenntnissen öffnen, die Lebenskraft wird erneuert – ganz im Tonus der eigenen Heilwerdung.

Krankheiten und ihr Ursprung

Mit meinem Bewusstsein über die unaufhörlich fließenden Energien von Körper, Geist und Seele möchte ich kein festes Konzept präsentieren, um den Ursprung einer Krankheit zu lokalisieren. Meister Merlin sprach jedoch im Vorwort: *„Schreitet hindurch durch die Pein. Nichts soll bleiben in Eurem Sein.“* Das mag ein Konzept sein, denn mit diesem Satz spricht Merlin den tiefsitzenden Schmerz an, den ein Wesen in sich trägt – möglicherweise aus einer Vielzahl von Inkarnationen. Er ist der Schlüssel zu jeglicher Unausgewogenheit.

Eine Kommunikation, die ich mit einer Hündin hatte, kann dies verdeutlichen: Rieke begegnete den Menschen voller Angst, doch ihre menschliche Gefährtin tat alles, um ihr auf jede erdenkliche Weise zu helfen. So trafen wir uns und ich erfuhr in einem Gespräch mit der Hündin, sie sei auf die Erde gekommen, um ihre Menschenfreundin zu beschützen. Als Hund könne man das sicher besser. Ich sah in Bildern von Rieke, dass beide einst als Mutter und Sohn miteinander gelebt hatten. Doch die Beziehung nahm ein tragisches Ende, denn der damals zehnjährige Junge sah hilflos mit an, wie seine Mutter in einem Meer aus Flammen ums Leben kam. Er selbst lebte, aber er hatte nicht helfen, nicht beschützen können. Und da war das wirkende Muster, die Pein, der sich Rieke nicht entziehen konnte: Die wirkende Energie der Bilder in Chakren sowie dem Gefühlskörper der Hündin machten ihr im aktuellen Leben einen Strich durch ihren Beschützerplan. Sie erzählte mir, dass sie sie gefangen nähmen, diese schlimmen Bilder. Sie fühlte sich wie gelähmt und konnte ihre heutige Menschenfreundin, damalige Mutter, wieder nicht beschützen, ja nicht einmal sich selbst. Die ursächlichen Bilder, die Merlin als *Pein* bezeichnet, durfte ich mit der Hündin lösen und somit herausnehmen aus ihrem *Sein.* Wir gaben sie in die Akasha-Chronik und baten um eine Aktualisierung der Energien zur Entstehung neuer Bilder und Ideen in Rieke.

Es mag vielleicht nicht so leicht anzunehmen sein, doch jedes Wesen führt sein Leben eigenverantwortlich und ist mit seiner Energie an allen Ereignissen in seinem Leben beteiligt. Immer und in jeder Lebensphase. Jede erlebte Situation dient dazu, sich zu erfahren, das Bild, welches im Innen von einem existiert, durch das Außen zu vervollkommnen. Diese Tatsache wird ein Grund sein, warum ein Wesen – noch bevor es in seinen aktuellen Erdenkörper inkarnierte – sein Einverständnis gab, diesen oder jenen Lebensumstand anzunehmen. Was ein Wesen an Blockaden in anderen Inkarnationen annahm, wird sich im aktuellen Leben zeigen, wenn es im Plan steht, und kann in diesem Leben dann auch gelöst werden. Leider kommt es vor, dass sich das Wesen in die Ereignisse und deren Energien verstrickt. Es erinnert sich nicht mehr, die Erfahrung gewählt zu haben, löst den Schmerz nicht auf, sondern verharrt in ihm und baut sich Mauern um diesen Schmerz. Diese Mauern nennt man im Spirituellen dann Muster, Schatten oder Verstrickungen. Sie beschränken ein Wesen maßgeblich in seinem Sein auf der Erde, denn sie nehmen ihm seine Bewusstheit über sich selbst, seine ihm innewohnende Kraft. Es sucht nicht den Kontakt zu seiner unglaublich weisen, wissenden und machtvollen, ja vollkommenen Seele oder Individualität, sondern irrt manches Mal nur so durchs Leben. Hale Bob sagte einmal: *„Keine Seele hat wenig Macht, doch schwer fällt die Verbindung."* Mit diesem Satz wird deutlich, die Seele, die Individualität eines Wesens in seiner Form, war und ist vollkommen, wurde sie einmal entwickelt. Der Energiefluss von der eigenen Quelle in die verschiedenen Körper, Chakren und somit das gesamte Wesen, kann hingegen durch ein Ereignis im Leben des Wesens verletzt, blockiert und manches Mal sogar unterbrochen werden. Ungewöhnliche Reaktionen und Gefühle sind oft Symptome einer solchen Unterbrechung. Sie kann als

Nora mit Thara am Wasser

Hale Bob mit Dorado spielend

Eddi sprach das Schlusswort im Buch

Estelle

Hale Bob gallopierend

Cassiopeia & Tiger

Tiger lebte als erstes Kaninchen mit mir und ist heute wieder da als Gulliver - wieder in einem Kaninchenkörper

Gulliver

Gulliver & Josephine

Muriel Löwenherz

Shea,

ein Engel ist in diesem Pferdekörper inkarniert

Mauer ein Gedankengebilde, eine Energieform sein, wie beispielsweise im Extremfall „ich drehe keinem den Rücken zu, denn es wird mich das Leben kosten“ oder „auf weiße Speisen reagiere ich allergisch“. Angesprochene Gedankengebilde entstehen zum Schutz, aus schwierigen Erfahrungen heraus, die in ihrer lichten Substanz nicht angenommen werden konnten. Damit meine ich, dass sich ein Wesen beispielsweise selbst zum Opfer gemacht hat, indem es in den Rückzug ging, anstatt mit freier Wahl seinem Außen seine Bedürfnisse mitzuteilen und diese zu vertreten. Macht sich ein Wesen später auf den Weg, den angenommenen Schmerz aus so einer Erfahrung zu erkennen, zu wandeln und aufzulösen – also die Energie, die dahinter liegt, zu entfalten –, gelangt es wieder in seine Kraft. In der angesprochenen Unausgewogenheit, die Rieke in ihrem Leben trug, lag auch gleichzeitig ihre Kraft. Ihr Mut lag hinter ihrer Angst, wie die Liebe hinter dem Hass verborgen ist, der Tag hinter der Nacht, die Sonne hinter den Regenwolken.

Dennoch glaube ich nicht, dass die Angst an sich vollkommen erlöst werden sollte – sie gehört als die andere Seite der Medaille zum Mut und kann auch eine schützende Position einnehmen. Ich bin der festen Überzeugung, die Kräfte in Einklang bringen zu können, so dass sie im Gleichgewicht, miteinander und füreinander wirken.

An Kommunikationen und Behandlungen gehe ich deshalb so unvoreingenommen wie möglich heran. Jedes Wesen mag mir auf geistiger Ebene mitteilen, was zu tun ist oder ich werde es mit eigenen Augen sehen: im Umgang zwischen Mensch und Tier, in den Bewegungen von beiden, Körperhaltungen oder Wesensaspekten. Auch halte ich es für wichtig, herauszufinden, ob ich mit einem Wesen im Tierkörper arbeite, welches Muster, Schatten und Karma aus dem eigenen Sein zu erlösen hat, oder aber ob es für seinen Menschenfreund trägt, damit dieser heilen kann. Kann ich erfahren, die zu bearbeitende Unausgewogenheit resultiert aus eigenen Themen und Wesensaspekten, dem Karma des Tieres oder seinem energetischen Umfeld, werde ich dort ansetzen und auf geistiger sowie körperfunktionaler Ebene arbeiten.

Ihnen mit auf den Weg geben möchte ich die Erkenntnis, eine Unausgewogenheit – sei sie physischer oder psychischer Art – nicht als ursächlichen Aspekt zu sehen, sondern lediglich als Symptom. Die Ursache einer Krankheit liegt tief im Wesen verborgen. Sobald es durch das Außen auf unerlöste Themen stößt, offenbart sich die verborgene Lektion der Seele. Im aktuellen Lebens- oder Erdenplan wurde das Thema gewählt, um gelöst zu werden. Dabei bleibt es dem Wesen selbst überlassen, in welchem Tempo es gewählte Unausgewogenheiten bearbeitet. Das eine benötigt vielleicht einen kurzen Lebensabschnitt zur Erlösung, ein anderes möglicherweise mehrere Leben für ein- und dasselbe Thema.

Welche Funktion dabei der physische Körper mit seinen Organen, Gelenken und Drüsen einnimmt, lässt sich gut verstehen, erinnern Sie sich für einen Moment an das Kapitel *„Energieformen und ihre Wirkung"*. Ich glaube, der Körper ist das Instrument, welches im Außen unsere schwierigen, aber unbewussten Gedankenformen präsentiert – auch durch Krankheiten. Es sind die Gedankenformen der bereits beschriebenen Schutzmuster, denen ein Wesen Energie zuführt. Beispielsweise werden bei dem fast jedes Wesen betreffenden Thema „Beziehungen" die Nieren energetisch unterversorgt. Die Quellenenergie gelangt nicht mehr zum Organ, sondern wird in die Gedankenform des Schutzprogramms gegeben. Die Aufgabe der Nieren ist es dann möglicherweise, auf die Beziehung zwischen zwei Wesen hinzuweisen, auf die Beziehung zu sich selbst oder die Beziehung zum Außen, zu der Umgebung. Auch Angst ist ein Thema, welches durch die Nieren präsentiert wird. Das Sprichwort besagt ja *„Ich habe mir vor Angst in die Hose gemacht."* und damit werden die Nieren, aber auch die Blase angesprochen, die in enger Verbindung zu den Nieren steht. Energetisch bestens versorgt werden die Nieren hingegen, ist ein Wesen mit sich und seiner Umwelt im Einklang. In so einem Fall wird keine Niere erkranken. Die männlichen (sauren) und die weiblichen (basischen)

Kräfte in einem Wesen (Körper) sind im Gleichgewicht. Wieder die beiden Seiten der einen Medaille.

Es gäbe noch viel über jeden Teil des Körpers, die Drüsen, die Gelenke, die inneren Organe, aber auch den Kopf, die Füße und Hände oder Hufe und Pfoten zu sagen, doch möchte ich Sie auffordern, Bücher zur Hand zu nehmen, die sich nur mit dem Thema Körper-Seele-Symptome befassen. Es gibt da einige.

Ich möchte mich jetzt mit dem *„Spiegel der Seele"* befassen. Ein Leiden an diesem großen und für alle Wesen so wichtigen Sinnesorgan, dem Auge, weist möglicherweise auf Schichten hin, die im Leben, in der Seele nicht mehr betrachtet werden möchten.

Orphea hatte einen Augentumor. Ich wurde gebeten, zu erfragen, was diese Krankheit zu bedeuten hatte, und bat die Stute, ihren Schmerz erfühlen zu dürfen.

Das antwortete sie:

„Er ist zu stark. Du würdest ihn nicht verkraften."

Ist der Schmerz körperlich oder seelisch?

„Es ist der Körper, der die Last jetzt trägt."

Erzähl mir bitte vom seelischen Schmerz.

„Er sitzt tief, ihm ist nicht so leicht beizukommen. Es ist die Geburt, die Geburt in diesen Körper."

Nimmst Du die Inkarnation als Pferd nicht an?

„Nein, das tue ich nicht. Wie könnte ich, das habe ich nicht verdient."

Aber Du hast zugestimmt, so geboren zu werden. Warum bist Du in einem Pferdekörper gekommen?

„Es ist eine uralte Schuld, die abzutragen ich hier bin."

Hat es etwas mit Deiner Menschenfreundin zu tun?

„Sie war einst meine Tochter, ich habe sie töten lassen."

Deshalb bist Du nun als Pferd an ihrer Seite?

„Es ist mein Karma, ich muss ihr nun dienen."

Wie kann sie Dir helfen?

„Sie kann mir verzeihen, tief in ihrem Innern."

Wie kann sie verzeihen?

„Sie muss meditieren, zu sich finden und in sich vergeben.“

Ich sehe plötzlich Bilder eines Krieges, einen Treck durch den Schnee. Ich frage die Stute, ob es das Leben war, in dem das Erzählte passiert ist.

„Wie soll ich mich erklären? Es war eine Zeit des Hungers. Sie war das schönste Baby, das ich je gesehen habe, aber die Zeit hat uns keine Möglichkeit gegeben. Ich wollte sie erlösen, erlösen von einem ... ja, grausam wäre ihr Schicksal gewesen. Doch dafür habe ich gelitten, mein ganzes Leben und noch mehr.“

Du hast aus Liebe gehandelt. Verzeihe Dir bitte selbst.

„Das kann ich nicht.“

Ich werde Deine Menschenfreundin bitten, Dir ihre Liebe zu senden, damit Du Dir und sie Dir vergibt. Ist es das, was ich für Dich tun kann?

„Du bist ein Engel.“

Wenn alles besprochen wurde, breche ich die Verbindung ab. Ist das in Ordnung für Dich?

„Halt, warte, ich muss mich erklären: Ich kann ihr nicht in die Augen sehen. Es tut so weh, sie ist so schön. Jetzt kannst Du gehen.“

In Orpheas letzter Antwort lag das Muster. Sie wollte oder konnte ihrer Menschenfreundin nicht in die Augen sehen. Vor Scham. Und doch waren beide in diesem Leben angetreten, die Schuld, die Verstrickungen zu lösen. Bei Orphea, denke ich, lag die Ursache ihres Augenleidens im gemeinsamen Karma. Untrüglich wurde durch die Augenkrankheit der Grad ihres Bewusstseins präsentiert.

Ich empfahl der menschlichen Gefährtin der Stute auf jeden Fall die geistige Arbeit an diesem Thema. Denn mit ausschließlich schulmedizinischem Eingriff wäre lediglich das Symptom, der Tumor, entfernt worden. Vielleicht wäre später das andere Auge auch noch erkrankt. Die Ursache, der tiefe seelische Schmerz um den Verlust des Anderen, um das Sich-selbst-nicht-verzeihen-können, hätte im Körper immer weiter nach Ausdrucksmöglichkeiten gesucht, um Aufmerksamkeit zu erhalten.

Ausdrucksmöglichkeiten sind es auch, die die mit uns lebenden Tiere ihrem Menschen schenken, offenbaren sie nicht ihre eigenen, sondern dessen Störfelder. Hat ein Wesen in einem Tierkörper einen Auftrag angenommen, indem es für seinen Menschen offenbart, gilt meine Aufmerksamkeit nicht ausschließlich dem Tier. Der Mensch ist es, der in seine Kraft gebracht werden sollte, damit das Tier loslassen kann. So erklären es zwei großen Wesen – ein Elf und ein Meister des Lichts, körperlich auf der Erde in Hund und Pferd:

Chou Chou, kann ich ein Tier heilen, ohne den Menschenfreund auf den Weg zu bringen?

„Nein, das wird ein schwieriges Unterfangen sein. Sprich die Sorgen an, die im Tier wohnen. Sprich auch über den Menschen und seine Kraft. Wo liegt sie verborgen?"

Und wenn der Menschenfreund nicht möchte, dass sein Tiergefährte Krankheiten für ihn übernimmt?

„Dann soll er wachsen, an sich arbeiten und gedeihen zu einer Blume des Lebens."

Ist dies Dein Auftrag, mit dem Du zu Deinen Menschenfreunden gekommen bist?

„Ich führe sie durch ihr Menschendasein. Ich leuchte ihnen auf dem Weg, so bleiben sie auf dem Steg. Ich bin ein Licht in dunkler Nacht. Das Leben, es wartet mit seiner Pracht."

Und nun frage ich Dich, Hale Bob. Sag Du mir, wie siehst Du die Sache?

„Die Antwort hat schon einer gegeben. Es ist ein Auftrag. Ihr Menschen in Eurem Sein ... sie dienen bedingungslos, kriegt das endlich in Eure Köpfe hinein. Sich selbst zu heilen, ist der Weg. Der Weg ist das Ziel, Anja, der Weg ist das Ziel."

Mit diesen Worten erinnert Sie Hale Bob sicher schnell an seine körperlichen Störfelder. Ein bereits erwähntes Körperleiden hatte mit dem Wechsel der wirkenden Meister zu tun. Und ich denke, ich weiß auch, warum dieser Meisterwechsel stattfand. Ich konnte durch Arbeit an mir selbst, durch Ernährungsumstellung und Meditation meine Energie um ein Vielfaches erhöhen. Ich hatte einen großen Schritt nach vorne getan und gelangte auf Wege meines Seelenplans, auf denen ich von Merlin nicht länger durch den Pferdekörper geführt werden sollte. Das in den Pferdekörper inkarnierte Geistwesen hatte es auf sich genommen, eine neue Energie durch den Körper wirken zu lassen – als Kanal für die göttliche Kraft, mit allen körperlichen Unannehmlichkeiten. Paolo Veroneses Energie benötigte ich nun ganz offensichtlich durch den Körper von Hale Bob – es waren Wege im Umgang zwischen Mensch und Tier zu finden, um in Frieden, Glück und bedingungsloser Liebe miteinander zu leben.

Diese Erkenntnis erhielt ich im direkten Umgang mit dem Pferdekörper. Ich hatte ja bereits erwähnt, dass er mir die männliche Seite spiegelte und für mich ein Defizit in der Achtung meiner selbst offenbart wurde. Hale Bobs Körper machte sehr deutlich, was er wollte, doch er achtete nicht immer meinen Raum. Ich war zu diesem Zeitpunkt nur noch nicht in der Lage, ihm die Führung, die sein Körper von dem meinen benötigte, zu geben. Und da ich wusste, dieses Störfeld würde durch eine falsche, unkontrollierte Machtanwendung seinem Körper gegenüber nur noch verstärkt, blieb ich lange in meinem Defizit stecken. In die Liebe konnte ich gehen, nachdem ich erkannte, dass wir beide keine Wahl hatten. Er musste in die Täterrolle schlüpfen, da ich die Rolle des Opfers einnahm. Damit wurde er aber auch gleichzeitig zum Opfer. Zum Opfer meiner Unausgewogenheit. Deshalb entsteht ein Störfeld, das von den mit uns Menschen lebenden Tieren präsentiert wird, also aus dem Menschen, sobald das Tier keine eigenen Themen mehr zu bearbeiten hat und eventuelle Fremdenergien ausgeschlossen werden können.

Erkenne ich während meiner Arbeit also eine Verbindung zwischen dem Tierkörper und dem gespiegelten Seelenschmerz des Menschen, versuche ich dem Menschen Bewusstheit über diesen Punkt zu vermitteln. Häufig wird so die Tür zu eigenen Störfeldern geöffnet, eigene Energiepotentiale können nun wieder aufgezeigt werden. Viel mehr gibt es hierzu nicht zu sagen, ich denke, Chou

Chou und Hale Bob, die Wesen, die gerade zu Wort kamen, sprechen für sich.

Eine Unausgewogenheit sollte also im Gesamten betrachtet werden. Und damit schließe ich auch die sekundären Störungen des physischen Körpers ein. Störungen des eigentlichen Körperplans in Haltung oder Organen beispielsweise ziehen immer weitere Fehlfunktionen nach sich – möglicherweise sind sie bereits schon solche. Hale Bob hatte beispielsweise einmal ein Darmproblem, welches aber von der Leber kam und gleichzeitig eine große Lichtempfindlichkeit der Augen mit sich brachte. Die Leber wiederum wurde durch einen nicht optimal funktionierenden Stoffwechsel in Mitleidenschaft gezogen, was wiederum vom Herz herrührte. Und der Darmschmerz sorgte weiter dafür, dass er seine Rumpfbewegung einschränkte ... Ich glaube, es wird deutlich, was ich mit „im Gesamten betrachten" meine. Denn es wird immer ein Organ geben, welches am Anfang einer Unausgewogenheit stand. Um herauszufinden, welches Organ das ursächliche Störfeld präsentiert, dient einfach die Frage danach. Und auch wenn solche Störungen zum großen Teil den Menschen spiegeln, stehe ich nicht auf dem Standpunkt, hier ausschließlich seelisch helfen zu müssen – Körper, Geist und Seele des Tieres können wieder in Einklang gebracht werden, und dazu baue ich auch auf die körperfunktionale Therapie. Der Tierkörper wird für eine bewegungstherapeutische Unterstützung, eine Behandlung im Gleichgewicht, dankbar sein. Ich wende deshalb die funktionale Behandlung nach Brehm an, genannt bfb. Sie basiert auf der Feldenkraismethode. Mit ihr sind Störungen des Verhaltens, Unausgewogenheiten des Bewegungsapparates, der Sinnesorgane und der inneren Organe als körperliche Symptome lösbar. Natürlich kann auch homöopathisch unterstützt werden, und wenn es nicht mehr anders geht, muss auch die Schulmedizin ran. Wichtig ist nur zu sehen, dass nicht immer alles zum Lösen bereit ist, was an Störungen präsentiert wird. Manchmal scheint es besser, ein erwähltes Schutzmuster einfach sein zu lassen, anstatt mit irgendeiner körperlichen Unterstützung an seiner Auflösung zu arbeiten. Denn solange die seelischen Umstände zu diesem Schutzmuster nicht gelöst werden können, wird es nicht dem Leben dienen, hier aktiv zu werden. Respektieren Sie es, wenn mögliche Muster oder Schutzprogramme zum aktuellen Zeitpunkt noch nicht zum Lösen anstehen. Der Wille eines jeden Wesens ist frei. Jeder lebt und entscheidet in seinem Tempo.

Praxis

1. Chakren – Energiezentren und ihre Zuständigkeit

Das Wort Chakra ist eines, welches in der indischen Sprache Sanskrit seinen Ursprung hat und soviel bedeutet wie Rad, Scheibe oder Wirbel. Diese Wirbel sind sowohl auf der vorderen wie auf der rückwärtigen Körperseite eines Wesens zu finden. Nur die Wirbel des ersten und siebten Chakras nicht, sie existieren ausschließlich einfach, in Richtung Erde und Kosmos. Dies sei vorneweg gesagt, damit Sie eine ungefähre Vorstellung davon erhalten, wie Sie als hellsehendes Wesen die Energiezentren in Ihrem, aber auch in den tierischen Körpern betrachten können.

Als Zentren der Kraft tragen die Chakren das Bewusstsein eines Wesens, welches während einer Vielzahl von Inkarnationen entwickelt wurde. Sie durchweben alle Körper, physische wie feinstoffliche, und haben ihren Sitz im Ätherkörper. Die Chakren dienen als Träger der Energie. Je nach Lehre werden sie mit einer unterschiedlichen Anzahl beschrieben, wobei ich mich auf die sieben Hauptchakren beschränken möchte – einige Nebenchakren werden kurz erwähnt. Eine direkt körperliche Bestimmung kommt den Energiezentren zu, sieht man sich ihre Lage an. Aufgrund dieser wird jedes einzelne von ihnen bestimmten Organen zugeordnet. So erklärt sich, warum beispielsweise der Hals inklusive Stimme, Kehlkopf und Atmung von einer Energieblockade betroffen sein kann, fühlt sich ein Wesen von einem anderen nicht verstanden, obwohl es immer wieder sprachlich betont, etwas Bestimmtes in seinem Leben nicht ertragen zu können. Das Ereignis zwischen den Beiden wird sich im Kommunikationschakra (5.) des nicht verstandenen Wesens manifestieren, da es sich nicht gehört und verstanden fühlt. Gleichzeitig wird das Ereignis meist auch im Nabelchakra (2.) und dem Solarplexus, dem dritten Chakra, verankert. Diese Chakren können betroffen sein, da in ihnen die Emotionen und Gefühle zu Erlebtem Ausdruck finden, und das dritte Chakra ist gleichzeitig die Verbindung zum Äußeren und zum Astralen. Die beschriebene Situation kann ein Wesen dazu bringen, nicht länger in seiner Mitte zu bleiben. Es verlässt sich und gibt einen Teil seiner Energie an ein anderes Wesen ab. Den positiven Aspekt des Durchsetzungsvermögens im dritten Chakra tauscht es praktisch gegen Selbstmitleid oder Aggressivität. Die Kommunikationsfähigkeit im fünften Chakra möglicherweise gegen Realitätsflucht. So werden mindestens in besagten Chakren, durch die Verbundenheit aller Ebenen vermutlich aber in noch mehr Zentren, Störungen im Energiefluss des Wesens auftreten. Die Verbindung zwischen körperlicher Unausgewogenheit und ihrer energetischen Bestimmung, zwischen Seelischem und Körperlichem, wird so noch deutlicher.

Bevor ich nun zu den einzelnen Chakren und deren Bestimmung komme, möchte ich noch die Farbschwingungen der Chakren ansprechen. Ich habe Chakren manchmal in anderen Farben, also energetischen Schwingungen, vorgefunden als denen, denen sie zugeordnet werden. Machen Sie diese Erfahrung, ist das einfach so. Werten Sie es nicht. Lassen Sie alles wie gesehen, solange es dem betrachteten Wesen dienlich ist. Durch ständigen Wandel der Energie, durch eigene Erlösung und den Fortschritt im Sein verändern sich die Farben in den Chakren von ganz alleine. Sie erwachen dann in der Schwingung, die ihnen am nächsten ist. Beispielsweise fand ich in meinem Wurzelchakra lange nicht das heutige himbeerfarbene Rot, sondern ein tiefes strahlendes Blau. Ich verstand erst langsam, durch mehrere Seelenreisen, welche Botschaft ich daraus ziehen konnte. Ich lebte noch nicht auf der Erde, ich hatte diesen weiblichen, menschlichen Körper nicht richtig angenommen und verschwand immer wieder auf eine andere Ebene, um wirklich zu sein. Da fühlte ich mich sicher. Verändert hat sich die Farbe meines Wurzelchakras, nachdem ich diese Botschaft bewusst aufnehmen konnte, sie verstand und begann, als Mensch und Frau auf die Erde zu kommen.

Das **erste Chakra**, Wurzelchakra oder Basiszentrum, verbindet ein Wesen also mit der Erde. Ihm wird die Farbe Rot zugeordnet und als Symbol das Quadrat. Sein Element ist also ohne Frage die Erde. Im Wurzelchakra befinden sich Informationen zum Überleben, zur Erdung, zum Urvertrauen an sich und zur materiellen Sicherheit. Kommt ein Wesen in eine Situation, in der es ums pure Überleben geht, so wird es sofort und automatisch das Wurzelchakra öffnen und mit seinem Bewusstsein aus diesem leben. Alle notwendigen Informationen zum Überleben werden in diesem Chakra vorhanden sein. Geschwächt oder blockiert wird es möglicherweise, gibt es im Leben einen Zwischenfall (Unfall, Mord ...), in dem beispielsweise das Überleben nicht mehr gesichert ist und der physische Körper verstirbt. So ein Ereignis manifestiert sich wahrscheinlich augenblicklich als schwächende Kraft im Energiefeld des Wesens. In einer nächsten Inkarnation kann es dann aus dem Basiszentrum wieder gelöst werden. Die kraftspendenden Energien im Wurzelchakra fördern wie gesagt Vertrauen und Sicherheit, Erd- und Naturverbundenheit, Lebenswille und -kraft, Ausdauer, Rhythmus und die Entfaltung der Lebensenergie, der Kundalini. Die schwächenden Energien sind Selbstsucht, Trägheit, Triebhaftigkeit und existentielle Ängste. Sie äußern sich im Seelischen durch Kraftlosigkeit, Depressionen und Mangel an Vertrauen. Da sich das

Wurzelchakra am Steißbein und Beckenboden befindet (bei männlichen Körpern im Bereich der Hoden), liegen seine Einflussbereiche, die Organe betreffend, bei Dick- und Enddarm, am Steißbein, in den Beinen und Füßen (auf der Erde gehen und stehen) sowie bei den Knochen (körperliche Stabilität). Darmerkrankungen beispielsweise, aber auch Kreuzschmerzen aller Art, Blasen- und Nierenthemen (Ängste) sowie Prostataleiden (mangelndes Vertrauen) sind auf Störungen im Wurzelchakra zurückzuführen.

Das **zweite Chakra**, das Sakralchakra oder Geschlechtszentrum, steht für Lebensfreude und Sexualität. Seine Farbe ist Orange und das zugeordnete Symbol die Mondsichel, sein Element das Wasser. Alles, was die Süße des Lebens betrifft, die Sinnlichkeit und Freude wird durch dieses Chakra Entfaltung finden. Eine kraftvolle Energiezufuhr aus diesem Chakra unterstützt die Vitalität und Lebensfreude eines Wesens. Leidenschaft und Kreativität, Körperbewusstsein, weibliche Wesensaspekte und heilerische Kräfte werden hieraus entwickelt. Geschwächt in seiner Energie, präsentiert das Sexualchakra auf Seelenebene eine Entfaltung von Aggressivität und Zerstörungswut, Triebhaftigkeit und Eifersucht, Suchtverhalten, depressiven Stimmungen, Verlustängsten und Schuldgefühlen. Oberhalb der Geschlechtsorgane, ungefähr zwei Zentimeter unter dem Bauchnabel liegend, versorgt das Chakra sowohl die Geschlechts- als auch die Unterleibsorgane. Beckenraum, Gebärmutter, Nieren und Blase sowie der Blutkreislauf sind Organe seiner Entsprechung. Körperlich äußern sich Störungen so in Menstruationsbeschwerden, Prostataerkrankungen, Impotenz und Frigidität, Blasenproblemen und Harnwegsinfektionen.

Das **dritte Chakra**, das Sonnengeflecht oder Solarplexuszentrum, trägt mit seiner Bestimmung die Identität, Macht und den Willen, aber auch die Gefühle eines Wesens. Seine Farbe ist Goldgelb, und mit dem Dreieck als Symbol hütet es das Feuer als Element. Dem Solarplexuszentrum kommt eine entscheidende Rolle zu, geht es um die Entfaltung des Ichs. Kraftvoll unterstützt wird dieses durch Tugenden wie Sensibilität und Mitgefühl. Sehnsucht,

Spontaneität und Durchsetzungsvermögen sind ebenfalls Aspekte eines Wesens, die mit genügend Energie aus dem dritten Chakra entwickelt werden. Machtbesessenheit und Rücksichtslosigkeit, Selbstmitleid, Sentimentalität und Gefühlskälte, aber auch mangelnde Selbstachtung und Schlafstörungen äußern die geschwächte Kraft des Sonnengeflechts. Mit seinem Sitz im Magenbereich, oberhalb des Bauchnabels, weisen Störungen von Magen, Leber, Milz und Gallenblase, Rücken und Lendenwirbeln sowie Nervenerkrankungen, Diabetes oder Übergewicht auf unzureichende Energie im Solarplexus hin.

Das **vierte Chakra**, das Herzchakra, wirkt in Bereichen der Liebe, des Mitgefühls, der Menschlichkeit und Zuneigung. Seine Farbe ist Grün, sein Symbol der Stern, das Element die Luft. Das Herzchakra verbindet die unteren drei Chakren der Instinkte mit den oberen dreien, denen des höheren Bewusstseins. Sein Sitz befindet sich in der Brustmitte, auf Herzhöhe. Deshalb wirkt es zweifelsohne auf Organe wie Herz (jegliche Beschwerden), Lunge und Bronchien (Atemprobleme), Brustkorb und obere Rückenpartie (Schulter- und Brustwirbelthemen), Haut, Blut (-hochdruck beispielsweise), Arme und Hände. Mit einer gesunden Abgrenzung, Nächstenliebe, Toleranz und Offenheit, aber auch künstlerischen Talenten werden die Energien des Herzchakras stärkend genutzt. Ihre schwächende Entsprechung sind Eigenliebe, Härte, Verbitterung und Überheblichkeit. Dies äußert sich auf seelischer Ebene beispielsweise in Einsamkeit, Feindseligkeit oder Gefühlskälte.

Das **fünfte Chakra**, das Kehlkopfchakra oder Halszentrum, ist das der Kommunikation. In ihm formt sich der Klang der Persönlichkeit in Wort und Ton. Seine Farbe ist hellblau, als Symbol wird ihm der Kreis zugeordnet, und sein Element ist damit der Äther. Das Kehlkopfchakra sitzt, wie der Name schon sagt, am Hals im Kehlkopfbereich. Bewusstsein über Worte, Wahrheit und Unabhängigkeit, mentale Energie und Kommunikation sind seine Themen. Im körperlichen Bereich entspricht dies den Organen Kiefer, Hals und Kehlkopf, Stimme und Gehör, Atmung und Luftröhre, aber auch Nacken, Schultern und Halswirbelsäule. Beschwerden wie Hals- und Mandelentzündungen, Zahn- und Ohrenprobleme, Sprachstörungen, Nacken- und Halswirbelleiden sowie Schilddrüsenthemen werden im fünften Chakra ihre energetischen Schwachpunkte haben. Machtstreben, Realitätsflucht und Intoleranz sind die seelischen Übereinstimmungen. Sie äußern sich zum Beispiel durch Schüchternheit, Verwirrung oder Angst vor dem Sich-Äußern und der eignen Meinung. Kann das fünfte Chakra hingegen kraftvoll und positiv genutzt werden, wird ein Wesen kommunikationsfreudig sein, vielseitige Interessen haben und sicher in Ton und Wortwahl sein. Seine Individualität ist ausgeprägt, das Ich-Bewusstsein harmonisch.

Das **sechste Chakra**, das Dritte Auge oder Stirnchakra, ist das Zentrum des inneren Sehens und der Bewusstheit. Seine Farbe ist indigoblau, das Symbol ist ein Kreis mit zwei Blütenblättern oder Flügeln, ein Element ist diesem Chakra nicht zugeordnet. Mit der Entwicklung des Dritten Auges und dem Nutzen seiner Energie entfaltet ein Wesen seine Intuition, sein Selbstbewusstsein, eine große Vorstellungskraft, Offenheit und nicht zuletzt die Seelenverbundenheit zu anderen Wesen. Wurde das sechste Chakra durch entsprechende Ereignisse gestört, so neigt das Wesen durch geschwächte Kräfte zu Verantwortungslosigkeit, Machtstreben und Selbstherrlichkeit. Plaziert ist dieses Chakra oberhalb der Nasenwurzel zwischen den Augen – daher sein Name. Mit dieser Position versorgt das Stirnchakra Organe, die sich am Kopf (Gesicht) und der näheren Umgebung befinden. Da wären Augen, Nase, Nebenhöhlen, Ohren und Kleinhirn. Auch Hormon- und Nervensystem liegen in seinem Zuständigkeitsbereich. Kopfschmerzen, Hör- oder Sehschwächen sowie Entzündungen von Nervensystem und Nebenhöhlen sind einer energetischen Unterversorgung durch das Stirnchakra zuzuschreiben.

Das **siebte Chakra**, das Kronenchakra, symbolisiert die Vollkommenheit und ist das Zentrum des höheren Wissens jedes Wesens. Es steht für die Vollendung. Seine Farbe ist Weiß, Violett oder Gold, das Symbol für das Kronenchakra ist der Lotus, ein Element hat es nicht. Mit der Energiespeisung aus diesem Chakra fühlt ein Wesen die Verbundenheit mit dem gesamten Universum. Seine geistige Kraft kommt zur vollen Entfaltung, der Hinwendung zum Spirituellen steht nichts mehr im Wege. Betrachtet man sich aber die schwächenden Kräfte aus diesem Chakra, so tendiert ein Wesen mit ihnen zur Zurückgezogenheit und einem Desinteresse am irdischen Dasein. Auch der Aberglaube entspringt dieser Kraft. Auf dem Schädel sitzend, dem Scheitelpunkt des Kopfes, wird der gesamte Organismus beeinflusst. Kopfschmerzen, Krebserkrankungen, Lähmungen, Geisteskrankheiten ... finden durch energetische Blockaden hier ihren Ursprung.

Fünf Nebenchakren, kurz erwähnt

Die **Fußchakren** liegen in der Mitte der Fußsohlen. Sie stehen in Verbindung mit dem Wurzelchakra. Das Stehen auf der Erde, die Verbundenheit mit ihr ist Thema dieser Chakren.

Die **Kniechakren** liegen zwischen Fuß- und Wurzelchakra. Sie stehen für den Fortschritt, die Vorwärtsbewegung. Viele Blockaden oder Störungen in den Knien verhindern auch das Vorwärtskommen, das Weitergehen im Leben.

Die **Hüftchakren** bilden gemeinsam mit dem zweiten und dritten Chakra das Emotionalzentrum eines Wesens. Kein Wunder, dass immer mehr Menschen mit Hüftproblemen und Titangelenken herumlaufen. Die Fähigkeit, Gefühle zu leben, geht wohl immer mehr verloren.

Die **Schulterchakren** stehen in Verbindung mit dem Herz-, Kehlkopf- und Stirnchakra. Vielfach die Last des Lebens tragend, stehen sie im Spiegelbildlichen auch für das Aufgerichtet-sein.

Die **Handchakren** liegen in der Mitte der Handinnenflächen. Auch sie stehen – durch die Schulterchakren – in Verbindung mit Herz-, Kehlkopf- und Stirnchakra. Mit den Händen ist es einem

Wesen möglich, Heilenergien auch ins Außen fließen zu lassen. Themen dieser Chakren sind alle künstlerischen Talente, auch das Geben und Nehmen.

2. Unausgewogenheiten auf mehreren Ebenen betrachten

Die Chakren sind es also, die über den ätherischen Körper die Energie verteilen und das Bewusstsein eines Wesens in den physischen Körper, das Gehirn, die Muskeln, Drüsen und Organe leiten. Ein Wesen entwickelt sie je nach Stand des „Sich-seiner-selbst-bewusstseins" und erweitert sie wenn möglich von Inkarnation zu Inkarnation. Ein noch unbewusstes Wesen wird sein Leben wahrscheinlich mit sehr kleinen Chakren bestreiten, ein sehr bewusstes Wesen, welches um die Dinge weiß, das Leben in Harmonie und Gleichklang lebt, hingegen mit weit entwickelten Energiezentren. Von der Größe der Chakren mag deshalb der Aktionsradius eines Wesens abhängen, nicht aber seine Körperfunktionen. Sie sind natürlich auch mit kleinen Chakren gesichert, solange die Energie fließt.

Für eine Heilsitzung ist es mir wichtig zu wissen, wieviel Energie die Chakren verteilen können, arbeiten sie mit ganzer Kraft. Dabei ist der aktuelle Stand nicht unbedingt maßgeblich, denn sicher fanden in diesem Leben bereits Beschädigungen des Energieflusses statt. Zum Zeitpunkt der Geburt war das Chakra allerdings noch offen, frei von Beschädigungen und klar in seinem Fluss. Deshalb betrachte ich, mit welcher Kraft ein Wesen inkarniert ist.

Schaffen Sie sich geistig je zwei Skalen für die sieben Hauptchakren – immer vorausgesetzt, Ihr Schutzkreis ist aktiviert und Sie sind geerdet. Die erste Skala steht nun für die Entwicklung des Chakras zum Zeitpunkt der Geburt. Die zweite zeigt den aktuellen Energiefluss an. Betrachten Sie die unterschiedlichen Prozentangaben auf den einzelnen Skalen, und betrachten Sie sie für alle Hauptchakren, denn jedes kann mit einem anderen Bewusstseinsgrad vorhanden sein. Manche Chakren werden weit entwickelt sein, möglicherweise zu 100 Prozent. Andere vielleicht weniger gut. Andererseits könnte ein Wesen aber auch mit 100 Prozent im Herzchakra inkarniert sein, durch gemachte Erfahrungen im aktuellen Leben nutzt es aber nur noch 35 Prozent. Von den zwei Skalen pro Chakra werden Sie solche Informationen künftig lesen können. Auch ist es möglich, dass ein Wesen so hoch entwickelt inkarnierte, dass es beispielsweise das erste Chakra in diesem Leben nicht benötigt. Es ist bereits eins mit dem großen Ganzen, lebt in Vollkommenheit und muss sich um seine Existenz, sein Überleben nicht mehr sorgen. In diesem Fall ist das erste Chakra vollkommen erlöst, seine Benutzung ist nicht notwendig. Es präsentiert sich als voll entwickelter Wirbel mit fließenden Energien.

Um umfassend zu arbeiten und an entscheidender Stelle Hilfe leisten zu können, halte ich die angesprochene Übung für wirklich wichtig. Betrachten Sie deshalb alle sieben Chakren mit ihren Energien zum Zeitpunkt der Geburt und dem jetzigen Stand. Sie werden so herausfinden, in welchem Chakra nicht mehr mit ganzer Kraft gearbeitet werden kann. Achten Sie auf meist schmerzhafte Ereignisse, die sich häufig als Bilder und damit als Blockade in einem Chakra festsetzen. Sie verhindern sozusagen den fortlaufenden Fluss der Energie. Nehmen Sie genau wahr, was das Wesen belastet, und schreiben sich möglicherweise auf, was Sie betrachten durften. Manchmal werden es vielleicht Gesichter von anderen Wesen sein, auch aus anderen Inkarnationen. Für den Moment soll es genügen, wenn Sie alles nur wahrnehmen. So kann eine Unausgewogenheit umfassend betrachtet werden, der Ursprung einer Krankheit wird erkannt.

3. Die Körper-Geist-Beziehung – Was wünschen sich Körper und Geist voneinander?

Als Hale Bob seine bereits erwähnte Unausgewogenheit im Darm trug, bat er mich, nur Kreislauf unterstützend und körperfunktional zu helfen. Alle anderen Störungen wollte er in diesem Fall alleine beheben. Es sei der „*Weg in die Einheit*“, sagte er. Daraus erkannte ich, dass ein Symptom, welches zur Heilung möglicherweise gelebt werden musste, unterdrückt worden wäre, hätte ich weitreichender agiert. Der Lebendigkeit des Körpers wäre dies nur kurze Zeit dienlich gewesen, aber nicht umfassend und die gesamte Heilwerdung betreffend. Ich lernte, den physischen Körper als einen Organismus zu betrachten, in dem jedes arbeitende Organ, jeder sich bewegende Muskel und jedes wachsende Härchen aufeinander einwirken. Und ich lernte, dass der Geist dem Körper helfen kann und umgedreht. Deshalb kontaktiere ich gerne den Geist eines Wesens, um zu erfahren, was er sich vom Körper wünscht. Umgedreht ist dieser Kontakt natürlich genauso wichtig. Was braucht der Körper vom Geist? Was soll auf dieser Ebene betrachtet werden? Und um die Lebensumstände des Tieres mit einfließen zu lassen, stellt sich immer auch wieder die Frage: Was wollen Geist und Körper des Tieres vom Menschen?

Um mit diesen beiden Ebenen eines Wesens in Kontakt zu treten, wenden Sie nun eine neue Technik an. Sie wird häufig bezeichnet als *Seelenlesen*.

Schaffen Sie sich Ihren Schutzkreis und gehen Sie mit Ihrem Bewusstsein ins sechste Chakra. Von dort aus betrachten Sie, von welcher Farbe, also welcher Energieebene das jeweilige Wesen, für das sie sehen, gelesen werden möchte. Legen Sie sich diese Farbe auf Ihr Kronenchakra, um mit dem Wesen während der gemeinsamen Arbeit auf einer Ebene zu schwingen. Schaffen Sie eine Rose für das Wesen des Tieres, welches Sie lesen, und betrachten Sie genau, wie diese aussieht. Was zeigt sich, während Sie den Geist des Wesens lesen? Wenden Sie sich nun der Körper-Geist-Beziehung zu und betrachten, was der Geist vom Körper in dieser Inkarnation erwartet, was der Geist braucht, um sich im Körper auszudrücken? Dann betrachten Sie, was der Körper im Gegensatz dazu vom Geist wünscht. Manchmal kommt es vor, dass der Körper Schmerzen hat und nicht glaubt, dies oder jenes auf Erden umsetzen zu können. Auch treten möglicherweise Ängste und andere Unausgewogenheiten im Körper auf, die betrachtet, ja, gesehen werden möchten. Schauen Sie sich an, wie der Geist dem Körper helfen kann und umgedreht. Alleine dass Sie die aktuelle Situation betrachten, verändert die Umstände. Sie werden feststellen, dass Körper und Geist in Beziehung zueinander treten können und sich der Körper wieder verstandener fühlt. Eine gemeinsame Perspektive auf die gewählte Inkarnation, das Wissen des Geistes im Körper, kann jeden weiteren Schritt verändern. Zumindest tritt mehr Bewusstsein in den Körper, und das macht vieles leichter. Im Kontakt von Körper und Geist können Sie auch Informationen erhalten, die den Ursprung der Symptome erklären, die weiteres Vorgehen beschreiben und der Heilung dienlich sind. Mir geschah es einmal, dass ich gebeten wurde, ausschließlich mit meiner Liebe das Herzzentrum des anderen Wesens zu berühren. Mehr war nicht zu tun, doch eine Verbesserung des körperlichen Zustands trat nach wenigen Tagen ein. Im Grunde hatte ich gar nichts getan und trotzdem trat Heilung ein. Die Liebe war es, die diesem Wesen gefehlt hatte. Ich vermute, durch meine Liebe hat dieses Wesen die Liebe aus sich selbst heraus wieder betrachten können.

Haben Sie in der Körper-Geist-Beziehung und im Lesen der Rose wahrgenommen, was es wahrzunehmen gab, so betrachten Sie noch, was sich Körper und Geist des Tieres vom Menschen wünschen. Dann lassen Sie die Rose geistig gehen. Bedanken Sie sich bei dem gelesenen Wesen für seine Offenheit und reinigen Sie sich. Legen Sie sich wieder die goldene Sonne auf Ihr siebtes, Ihr Kronenchakra, und füllen sich mit dieser Kraft. Kommen Sie ins HIER und JETZT auf allen Ebenen.

4. Eine Reise in die Erde mit Betrachtung der eigenen Schatten

Setzen Sie sich still auf einen Stuhl oder legen Sie sich auf eine Decke. Entspannen Sie sich und kommen zur Ruhe. Dann hüllen Sie sich in ein wärmendes Licht, welches genau die Farbe trägt, die für Ihre Reise in die Erde von Bedeutung ist, welche Sie schützt auf Ihrem Weg. Nun gehen Sie in Gedanken zu einem Baum, dessen Krone Ihnen einen reibungslosen Einstieg in die untere Welt erlaubt. Steigen Sie über die Krone in den Baumstamm hinunter. Es könnte sein, eine Treppe führt hinab, auf der Sie gehen können. Unter den Wurzeln des Baumes angekommen, machen Sie sich nun auf den Weg, eine Grotte zu finden, in der sich ein wunderschöner großer unterirdischer See offenbart. Wer weiß, was Ihnen bis zu diesem See noch alles begegnen wird? Nehmen Sie es als Hinweis dankend an. Setzen Sie sich sodann an Ihren See und warten, bis sich ein Wassertropfen von der Decke der Grotte löst, um Ihnen den Blick in Ihren Spiegel zu ermöglichen. Der Tropfen trifft auf die Oberfläche des Wassers und öffnet diese mit unendlich vielen ans Ufer treibenden Ringen.

Schauen Sie nun in den See hinein und erkennen, welches Thema sich gerade für Sie offenbaren möchte. Welche Schattenarbeit ist in der momentanen Lebenssituation am ehesten zu bewältigen? Tauchen Sie tief in dieses Thema ein, aber agieren Sie nicht. Heute sind Sie nur als Beobachter an diesen See gekommen.

Haben sich die Ringe im Wasser wieder geglättet, bitten Sie das Wasser um eine Botschaft. Möglicherweise fragen Sie, wie Sie das Gesehene in Ihrem Leben zu lösen beginnen können. Oder aber es ist nur eine Botschaft, die Sie erbitten. Eine Botschaft ohne Themenzugehörigkeit.

Haben Sie Ihre Botschaft erhalten – vielleicht in Form von Worten, Bildern, Gefühlen oder Gerüchen –, so bedanken Sie sich für die Hilfe und tiefe Einsicht und begeben sich auf den Rückweg. Während Sie den Baum in seinem Innern wieder hinaufsteigen, denken Sie über das Gesehene nach und plötzlich öffnet sich die Krone des Baumes und lässt das gleißende Licht der Göttlichen Quelle einfließen. Alle offenbarten Themen werden nun im Licht der Quelle gesehen. Sie erfahren Transformation und Heilung im Gleichklang mit der Schöpfung. Baden Sie in diesem Licht, im Gold des Kosmos, und bleiben Sie so lange an diesem Ort, wie es sich für Sie richtig und notwendig anfühlt. Haben Sie alle Energien, die dem Licht der Göttlichen Quelle nicht standhalten konnten, transformieren können, so treten Sie über die Krone wieder aus dem Baum heraus. Bedanken Sie sich bei ihm für seine Hilfe, und landen Sie wieder wohlbehalten auf der Erde.

Wenn Sie mögen, so bitten Sie noch schnell um ein erkennbares Zeichen in der realen Welt, in der dritten Dimension innerhalb der nächsten paar Tage. So erhalten Sie nach und nach die Sicherheit, dass Ihre Erlebnisse nicht nur Phantasiegebilde, sondern Realitäten in anderen Dimensionen sind. Kehren Sie nun zurück in Ihren Alltag. Auf allen Ebenen, mit Körper, Geist und Seele.

Heilwerdung kraft unseres Geistes

Meine erste große Heilsitzung für ein anderes Wesen hat mich mehrere Wochen Selbstzweifel und viele „das kann ich nicht“ gekostet. Trotzdem wusste ich eines morgens, jetzt war es Zeit, zu tun, um was ich gebeten wurde. Es ging um einen Isländer namens Serkur. Sein Großvater wies mich geistig an, Serkur zu helfen. Er hatte auch seinen Beistand zugesagt, aber ich glaubte noch nicht an meine Kraft. Ich frage also meine Engel, ob ich es wirklich tun soll. Ihre Antwort: *„Zeige dem Universum Deine Macht.“* Zuerst erschrak ich ob soviel Anspruch, doch dann nahm alles seinen Lauf.

Ich begann mit meinen eigenen Energien, reinigte mich und ließ die violette Flamme der Wandlung in, um und durch mich lodern. Dann visualisierte ich ein kristallweißes Licht, welches mich wieder mit kraftvoller Energie erfüllte. Das gleiche tat ich auch für Serkur. Ich hüllte uns in ein Lichtzelt und bat Erzengel Michael um Schutz sowie tatkräftige Unterstützung, alte Verstrickungen frei zu schneiden. Dann bat ich Serkur, mir zu zeigen, was ihn blockierte, welche Energien ihn nicht sein eigenes Wesen leben ließen. Es waren viele Bilder aus früheren Zeiten. Sie stammten nicht von ihm, sondern von seinen Ahnen. Damals, als die Isländer dem Menschen untertan gemacht wurden, nahmen Kampf und Aggression den Platz von Ruhe und Frieden in den Urvätern ein. Über Generationen hinweg festigten sich diese Informationen in den Zellen der Rasse, sie wurden vererbt. Nicht immer, aber doch zum Teil. Serkur jedenfalls wurde von Ahnenenergien gehalten, sie hatten immer noch Zugriff auf ihn und ließen ihn sein eigenes Wesen nicht leben. Deshalb stand mir auch sein Großvater zur Seite. Er wusste, es war nicht länger sinnvoll, im Kampf zu leben.

Die Bilder formierten sich nach erster Betrachtung plötzlich zu einer gemeinsamen Kugel – was gut war. So konnte ich sie alle auf einmal mit der violetten Flamme verbrennen. Die Kugel, die zuvor von Ahnenbildern gefüllt war, erschien nun leer. Nichts war mehr in ihr. Ich füllte sie sogleich mit dem kristallweißen Licht, welches alle Farbschwingungen enthält, und spürte intuitiv, es gab noch mehr zu tun: Energien, die in den Kämpfen zwischen Mensch und Tier hingen, mussten der Pferderasse und damit stellvertretend Serkur zurückgegeben werden. Mit der Kraft meines Herzens rief ich diese Energien zum Wesen des Isländers. Sogleich schossen aus allen Himmelsrichtungen kleine Kugeln in Regenbogenfarben heran. Sie kamen in Geschwindigkeiten, in denen eine nach der anderen einen langen bunten Kometenschweif nach sich zog. Alle sammelten sich in der einen großen Kugel, die bis dahin in das reinigende kristallweiße Licht getaucht war. Die „Mutterkugel" erstrahlte wieder in den Farben des Regenbogens, ähnlich einer Wasserlache, auf der Öl schwimmt. Ich sah, wie sie sich mit Serkur vereinigte, und nun war er es, der in allen Regenbogenfarben leuchtete. Ich wusste, für dieses Mal war es getan, und meine Bestätigung erhielt ich von Hrannar, Serkurs Großvater.

Die erste große Heilsitzung für ein Wesen endete mit einem Fluss aus Tränen, meinen Tränen. Nicht, dass ich nicht geholfen hätte, es war nur so unglaublich groß, was mir begegnet war. Und das Universum hatte mich beobachtet: Noch während ich vor mich hin schluchzte, kamen sehr viele lichte Wesen und formierten sich im Kreis um mich herum. Ich wusste, es waren Mitglieder der Weißen Bruderschaft. Sie berührten mich, ein jeder mit seiner Energie, und mich durchflutete ein kraftvoller Schauer. Minutenlang erlebte ich diesen Zustand, bis Josephine klopfend durch das Zimmer raste. Sie nahm diese Energien wahr, konnte sehen und fühlen, was gerade passierte, und ihr physischer Körper fürchtete sich.

Dieses Erlebnis ist heute eines von vielen, aber es war der Anfang, und alle Wesen, mit denen ich arbeite, geben mir immer ihre Erlaubnis dazu. Ich halte niemals eine Heilsitzung für ein Wesen ab, wenn dieses es nicht selber wünscht. Um so etwas herauszufinden, nutze ich die telepathische Kommunikation. Auf geistiger Ebene kontaktiere ich Engel und Geistführer, die göttliche Quelle oder das Wesen selbst. Und ginge es um einen Menschen, stünde mir ja auch die verbale Ansprache zur Verfügung. Meine erste Heilsitzung durften Sie nun nachempfinden. Um das Thema aber noch anschaulicher zu machen – keine Heilung ist wie die andere –, möchte ich ein weiteres Erlebnis schildern. Sie werden aus ihm ersehen, ich gehe immer mit dem, was gerade ist.

Bei Pepa ging es um eine karmische Verbindung zu ihrer Menschenfreundin. Die Terrierhündin biss um sich, sobald sie aus dem Schlaf erwachte. Sie bellte und griff an, was ihr in die Quere kam. Außerdem war es nicht möglich, sie ohne einen solchen Anfall an spiegelnden Flächen vorbei zu kriegen. Ärzte und Tierheilpraktiker hatten sie zu einem hoffnungslosen Fall erklärt. Ich versprach, mit ihr Kontakt aufzunehmen.

Zu allererst sprach ich mit Pepas Engeln und Geistführern. Es ging um die Frage, ob ich mit Pepa reden dürfe.

„Nein, es ist zu gefährlich für ein Menschenkind wie Dich. Sie wird Dich zerfleischen.“

Hat Pepa denn eine Wesensbesetzung?

„Es ist keine Wesensbesetzung, es ist eine Anomalie in ihrem Körper. Es ist die Tatsache, dass sie in zwei Leben gleichzeitig steckt.“

Wie ist es dazu gekommen? (Ich sehe einen Ritter mit Lanze im Kampf mit einem anderen Ritter. Einer der Reiter wird erstochen. Es folgt eine Hinrichtung, ein Mann wird geköpft.)

„Ja, das ist richtig, es ging um einen Rivalen. Lösche diese Bilder aus, befreie sie von ihrem Schmerz. Sie ist ein Engel, der sehr viel mitgemacht hat und diese Wandlung nicht verkraftet hat. Sie steckt immer noch mit einem Teil in diesem Leben. Heile sie, löse diesen Knoten.“

Muss ich den Seelenteil aus dem anderen Leben zurückholen?

„Ja, so ist es. Dann ist sie frei.“

Was hat das Ganze mit Anne zu tun? (Ich sehe eine Frau, ein Burgfräulein oder so.)

„Diese Frau war Anne, und er hat sie nicht bekommen. Er starb für ihre Liebe."

Was ist zwischen den beiden zu lösen?

„Sie muss ihn ziehen lassen."

Wie können wir das lösen?

„Heilt sie mit Eurer Kraft." (Ich sehe Erzengel Michael auf dem blauen Strahl.)

Was ist weiter mit Schatten und Spiegeln? Sie hat furchtbare Angst, sieht sie in solche Flächen hinein. (Ich sehe, was Pepa sieht, schaut sie in diese Spiegelflächen. Es ist die Hinrichtung, die sie im anderen Leben erlebte, und sie fühlt noch immer diesen Schmerz.)

„Du musst die Programme lösen, befreie sie aus dem alten Tod. Sprich mit den Engeln an ihrer Seite und den Menschen um sie herum. Du löst, wenn Du es in den göttlichen Schoß gibst. Schneide sie frei, übergebe diese Kraft ins Jenseits. Das Diesseits wird geheilt, wenn jenseits Frieden einkehrt. Es ist der Weg der ewigen Wiederkehr, den sie beginnen muss zu gehen. Sie lebt in beiden Welten. Es steht zu lösen an, sonst hättest Du es nicht erhalten."

Möchtet Ihr Anne noch etwas sagen?

„Es ist ein Teufelskreis, in dem Ihr Euch befindet. Sprengt die Ketten, sonst werdet Ihr beide nicht frei. Das Leben ist ein Weg von Wiedergeburt und Tod. Nichts bleibt für ewig, alles geht irgendwann in den göttlichen Schoß. Die Liebe, die ist kraftvoll in Eurem Sein. Gebt sie ab an den Morgen, dann werdet Ihr frei sein. Sprengt die Ketten Eurer Last, gebt acht, dass Ihr nichts davon verpasst. Lasst die Liebe werden rein, dann tretet ein in Euer Sein. Alles ist Liebe, alles ist Macht, alles hat die göttliche Kraft hier erschafft. Die Liebe ist der göttliche Schein, die Liebe trägt Euch in Euer Sein. Gebt acht, bei Tag und auch bei Nacht. Alles erstrahlt in göttlicher Pracht. Habt acht, habt acht."

Nach ein, zwei Wochen wollte ich nun mit der Heilung beginnen und erfuhr im Gespräch mit Engeln und Geistführern, dass ich dies schon getan hätte. Ich hatte also unbewusst mit Pepa gearbeitet und den fehlenden Seelenteil auf den Weg gebracht. Ich erfuhr, dass ich mit meinem Lichtkörper oder dem astralen gearbeitet hatte, ohne dass der physische Körper und damit der Verstand Bewusstsein davon hatte. Ich sprach nun zum ersten Mal mit Pepa selbst.

Hallo, Pepa, wie geht es Dir?

„Ich weiß nicht, was passiert ist, aber Du hast mich geheilt."

Mach Dir bewusst, was damals war.

„Ich werde es mir ansehen."

Und wie siehst Du das Ganze?

„In einem klaren Licht."

Was hat sich nun für Dich verändert?

„Ich kann mich sehen, mich in meinem Wesen. Ich bin frei. Es wird sich schnell umsetzen in meinem Leben. Ich bin frei. Ich bin frei."

Möchtest Du Anne noch etwas sagen?

„Ich habe sie geliebt mit der Kraft meines Herzens. Aber es war keine gute Liebe, sie war geführt von Verlust und Schmerz. Ich habe sie befreit aus meinem Sein. Ich liebe sie nun neu und werde sehen, wo meine Bereiche, meine Aufgaben in diesem Leben liegen. Ich danke ihr, dass sie mich niemals aufgegeben hat. Ich danke ihr mit der Kraft meines Herzens. Ich liebe sie."

Für Pepa war nun Bewusstheit über das frühere Leben eingetreten, doch auch ihre Menschenfreundin Anne musste Bewusstheit darüber erlangen, und so half ich ihr mit einer Seelenreise. Während dieser Reise konnte sie die Verstrickungen zwischen sich und dem Geistwesen, welches in der Terrierhündin lebte, sehen und lösen. Sie gab Pepa frei, und so war es auch auf dieser Ebene getan. Trotzdem erlitt die kleine Hündin kurzzeitig einen Rückschlag, in dem die alten Muster aufflammten. Eine weitere Verbindung brachte Aufschluss.

Zuerst sprach ich wieder mit den Engeln.

„Es ist erlaubt, den Weg zu ihr zu gehen. Sie wird sich reinigen von altem Schmerz und frei sein mit offenem Herz."

(Der Weg, den ich nun ging, war sehr dunkel.) Die Engel sagten: *„Gehe ihn, er wird sich im Lichte lösen."*

Ich ging also weiter und gelangte an einen Ort, der übervoll von funkelnden Kristallen war. Es war eine Halle, sie sah aus wie ein Eispalast. Hier war alles hell und strahlend. Die Kristalle waren gigantisch groß und sehr klar. Eine feine junge Frau kam auf mich zu in fließenden, weiten Gewändern.

Hallo, Pepa, Du bist es, nicht wahr?

„Ja, Du hast mich befreit. Ich habe meinen Ring zurückerhalten. Ich bin nun frei von aller Schuld."

Aber noch beißt der Körper um sich, wenn er aufwacht ...

„Lass ihm Zeit, gib ihm seinen Frieden. Rufe meine Energien zurück."

Ich rief also alle Energien, die zu Pepa gehörten, wieder aus dem Universum und von all den Orten, an denen sie lagerten, zu ihr zurück, und plötzlich sah ich einen bräunlichen Sack. Er öffnete sich und herauspurzelten rote und gelbe Bälle. Sie fielen in den Kristallpalast und formierten sich um die feine Dame in den fließenden Gewändern, um Pepa herum. Pepa begann, die Bälle einzusammeln, und nun kamen auch ein paar blaue und grüne Bälle hinzu. Aber nur ganz wenige. Dann sah ich einen dunklen Klumpen in ihrem Herzen, den ich mit der violetten Flamme schnell verbrannte. Mit der magentafarbenen Flamme der Liebe füllte ich die Stelle wieder auf. Das letzte Bild, welches ich erhielt, komplett in Liebe getaucht, war Pepa. Sitzend wiegte sie ein Baby in ihren Armen.

Pepa, wird der Körper nun aufhören zu beißen?

„Ja, das wird er tun."

Wie lange dauert das?

„Eine Weile, gebt ihm Zeit. Gib ihm einen Monat, dann wird es gehen."

Doch es dauerte und dauerte, die Anfälle wurden nicht weniger, eher schlimmer. Ich wusste, ich hatte geheilt, und auf der Seelenebene war es erlöst. Doch die körperliche Ebene des kleinen Terriers hatte dermaßen gelitten, dass im Körper wilde Energien herrschten. Die Verbindung zwischen Geistwesen und Körper musste wiederhergestellt werden. Das erklärte mir Anna-Maria, die ich, wie so oft, um Rat bat. Sie erklärte, der Körper sei nach dieser schweren Zeit im wahrsten Sinne des Wortes ausgebrannt, müsse gereinigt und geheilt werden, bevor Pepa als geistiges Wesen wieder Platz in ihm nehmen wolle. Ich wusste jetzt, was weiterhin zu tun war, doch mit einem unerwarteten Ereignis löste sich die Verbindung zwischen Pepa und ihrer Menschenfreundin nun auf allen Ebenen – auch in der dritten Dimension, hier auf der Erde. Noch bevor ich den Körper reinigen und das Wesen mit seinem Körper wieder verbinden konnte, verstarb die Hündin durch einen Autounfall. Der Weg für Pepa war frei. Ich erinnerte mich an die Worte der Engel. Sie hatten gesagt: „... *Das Leben ist ein Weg von Wiedergeburt und Tod. Nichts bleibt für ewig, alles geht irgendwann in den göttlichen Schoß. Die Liebe, die ist kraftvoll in Eurem Sein. Gebt sie ab an den Morgen, dann werdet Ihr frei sein ...*" Ja, sie hatten es bereits angekündigt, nur hatte niemand von den beteiligten Menschen an eine Umsetzung der Worte durch den körperlichen Tod gedacht. Manchmal ist es wichtig zu heilen, aber gleichzeitig auch loszulassen, gehen zu lassen.

Praxis

1. Die Reinigung von Auraschichten unter Erkennung fremder Wesenheiten

Nora arbeitete mit einer Stute am Boden, die sich vom Menschen nicht gerne anfassen ließ. Sie quietschte voller Ärger, sobald jemand ihren Körper zu berühren versuchte. Nora verstand ihre Sorgen, denn sie sprachen miteinander. Die Stute sagte:

„Ich fühle mich nicht wohl in meiner Haut. Es ist meine Aura, die sehr, sehr verletzt ist. Sie ist einmal geschädigt und verletzt worden. Versuche, meine Aura zu heilen und sie wieder stabil zu machen. Heile mich, bevor Du weiter mit mir arbeitest. Dann kann ich sicher sein, dass mich niemand angreift und verletzt."

Ich setzte mich also mit Nora an einen Tisch, und wir besprachen, wie sie die Auraschichten der Stute reinigen und mit lichter Energie füllen konnte, damit die Stute heilte. Diese Arbeit ist eine, die Sie sowohl für ein Tier als auch für sich oder einen anderen Menschen leisten können.

Schaffen Sie dazu wie gewohnt Ihren Schutzkreis. Erden Sie sich. Lassen Sie Erd- sowie kosmische Energie durch sich fließen, nutzen Sie die 8 oder die Trennungsrosen als Schutz zwischen Ihnen und dem zu heilenden Wesen, und bitten Sie Engel und Geistführer um Erlaubnis zur Heilsitzung. Bitten Sie um *„Das Schwert der klaren Unterscheidung"* und rufen dann das Wesen zu sich, mit dem Sie arbeiten möchten.

Gehen Sie jetzt mit Ihrem Bewusstsein ins sechste Chakra und sehen sich von dort aus die erste Schicht der Aura des zu heilenden Wesens an. Zerstören Sie mehrere Rosen, die sie vorher erschaffen können, um störende Energien zu entmachten. Betrachten Sie, was sich in der ersten Schicht der Aura zeigt. Möglicherweise ist es eine Farbe, die Sie ganz klar als nicht dorthin gehörig identifizieren können, alleine mit Ihrer Intuition. Auch zackige Formen, Spitzen oder sonstige, nicht dorthin gehörige Formen können sich zeigen. Geben Sie der ersten Schicht, dem ätherischen Körper, ein Erdungskabel und lassen Sie alle unerwünschten Energien aus dieser Auraschicht in die Erde abfließen. Suchen Sie sich im Universum nun eine Farbe, die Sie als die jetzt benötigte Farbe für diese Schicht der Aura empfinden. Lassen Sie die kosmische Energie in die Schicht fließen, bis diese ganz von der neuen heilenden Farbschwingung erfüllt ist.

Dann widmen Sie sich der zweiten Schicht, dem Emotionalkörper. Auch mit dieser Auraschicht arbeiten Sie die gleiche Reihenfolge durch wie bei der ersten. Füllen Sie sie mit positiver Strahlenkraft und gehen zur dritten Schicht, zum Mentalkörper, und weiter zur vierten, dem astralen Körper. So werden Sie sich von Schicht zu Schicht arbeiten, bis alle sieben Auraschichten oder Körper des Wesens gereinigt sind. Noch einmal zum besseren Verständnis: Die sieben Schichten der Aura stehen in enger Verbindung zu den sieben Hauptchakren und haben darin ihre Entsprechung.

Manchmal werden Sie vielleicht auch fremde Wesen im Raum, in der Aura eines Tieres, finden. Sie gehören natürlich nicht dorthin. Sie stören das eigentlich inkarnierte Wesen in seiner Entfaltung. Ein möglicher Schlüssel oder Angriffspunkt an die Kraft des Tieres sind für solche Wesen oft die von der Stute angesprochenen

Verletzungen in der Aura. Es können auch die bereits erwähnten Schutzmuster und Energieblockaden sein. Gibt es zwischen zwei Wesen eine Affinität, ein bestimmtes Ereignis oder Gefühl, welches beide gleich empfinden, so hängt sich möglicherweise das in einer Zwischenwelt irrende, fremde Wesen an den Gefühlskörper des Tieres oder des Menschen. Die schwächenden Empfindungen zu einem gemeinsamen Thema werden verstärkt. Das fremde Wesen beeinflusst also das eigene Handeln. Deshalb ist der Schutz während der geistigen Arbeit so enorm wichtig. Ebenso wichtig wie die Arbeit der eigenen Erlösung – je weniger Themen, desto weniger Fremdeinflüsse für Sie und die mit Ihnen lebenden Tiere.

Eine weitere Erfahrung zu gleichem Thema ist die, dass Wesen ihren Körper verlassen, ist er ihnen zu unbequem. Der physische Körper kann unabhängig davon existieren, ob Ihr Wesen in ihm wohnt oder nicht. Die Verbindung wird durch ein Band zwischen beiden gehalten, doch hat ein körperloses Wesen in so einem Moment leider auch die Möglichkeit, in Ihren „leeren" Körper zu schlüpfen. Haben Sie schon einmal Situationen erlebt, in denen Sie nicht ganz bei sich waren, ja, sozusagen neben sich standen? Sie standen neben sich, im wahrsten Sinn des Wortes. Ihr Sein hatte seinen physischen Körper urplötzlich, für Sie ganz unbewusst, verlassen. Und so machen es auch die Tiere. Insbesondere natürlich dann, wenn ihnen Gefahr droht, beim Tierarzt beispielsweise oder wenn ein Raubtier – nehmen wir Katz und Maus – sich gerade seine Mahlzeit organisiert.

Die angesprochenen körperlosen Wesen zeigen sich möglicherweise nicht freiwillig in ihrer wahren Gestalt, aber fordern Sie sie im Namen Ihrer Göttlichen Ich-Bin-Gegenwart auf, Ihnen ihr Licht zu zeigen, so müssen sie sich offenbaren. Das ist geistiges Gesetz. Manchmal erscheinen dann gruselige Formen und Gestalten, aber fürchten Sie sich nicht, im tiefsten Innern sind diese lediglich auf der Suche nach Heilung. Begegnen Sie einem solchen Wesen, können Sie es mit der violetten Flamme der Wandlung verbrennen. Sie können aber auch in Kontakt mit ihm treten und es fragen, warum es da ist und was es braucht, um den nächsten Schritt in seiner Entwicklung antreten zu können. Helfen diese beiden Varianten nicht, so bitten Sie die göttlichen Quelle um Hilfe. Bitten Sie um den nächsten Schritt für das fremde Wesen, oder bitten Sie darum, dass die göttliche Kraft es zu sich nimmt. Lassen Sie es durch Ihre Bitte begleitet sein von einem himmlischen Engel.

Ist also die Aura nun von allen Fremdeinflüssen gereinigt, nehmen Sie noch einmal Kontakt zu Ihrer Führung oder den Engeln und Geistführern des Tieres auf. Fragen Sie, ob alles Notwendige zur Reinigung und Heilung getan wurde, und folgen Sie möglichen weiteren Anweisungen. Haben Sie Ihre Arbeit beendet, so trennen Sie die Verbindung zwischen sich und dem Tier. Danken Sie den helfenden Kräften, reinigen Sie sich selbst und kehren zurück ins HIER und JETZT. Achten Sie darauf, den Schutzkreis wieder aufzuheben.

2. Energiearbeit an den Chakren

Vor einiger Zeit begegnete ich einem Menschen, der mir auf Anhieb sympathisch erschien. Ich sah schon von weitem, dass seine Energie eine ganz besondere zu sein schien. Als wir einander vorgestellt wurden, bestätigte sich meine Vermutung. Ich genoss den Fluss der Energie, und nachdem ich mich wieder verabschiedet hatte, bemerkte ich Energiefäden zwischen meinem und dem Herzchakra des anderen Menschen. Wir hatten sie gespannt während dieser Begegnung. Im allgemeinen wäre ich sicher hergegangen und hätte diese Fäden wieder herausgezogen. Doch in diesem besonderen Fall gefielen sie mir. Ich ließ sie, wo sie waren, und genoss.

Es ist nicht sonderlich ungewöhnlich, dass sich solche Fäden zwischen zwei Wesen spannen. Wichtig ist nur zu wissen, dass sie während Begegnungen, einem kurzen Blickkontakt und allein schon im Gedanken an ein anderes Wesen entstehen können. Da sie aber nicht immer – mit Ausnahme des eben geschilderten Beispiels – erwünscht sind, ist es gut zu wissen, sie können auch wieder gelöst werden. Ein Wesen, welches solche Fäden spannt, möchte möglicherweise Ihre Aufmerksamkeit erlangen, es sucht nach Kommunikation. Doch sind Sie sich dieser Energielinien oder -fäden einmal bewusst, haben Sie die Wahl, sie zu haben oder nicht.

Bevor ich nun aber eine Technik erkläre, mit der Sie die Fäden ziehen, mag deren Bedeutung in den einzelnen Chakren interessant sein. Zwischen mir und dem anderen Menschen entstanden sie im Herzchakra, dem Zentrum von Liebe und Zuneigung. Ihre Bedeutung war deutlich, die tiefe, ehrliche Sympathie füreinander hatte sie im Herzen entstehen lassen. Hätte ich diese energetische Verbindung aber im zweiten, im Sexualchakra, vorgefunden, wäre sie für mich nicht von Bedeutung gewesen. Ich hätte sie gelöst. Sexuelles Interesse sowie ein Beachten der Emotionen wäre hier wohl die Botschaft gewesen. Auch im ersten Chakra hätte mich die Botschaft nicht erreicht. Im Chakra des Urvertrauens und Überlebens möchte ich keine Energielinien eines mir ja eigentlich noch unbekannten Menschen haben. Das gleiche gilt in diesem Fall für das dritte Chakra, denn mit der von mir abgezogenen Energie zu arbeiten anstatt mit eigener, mag ich gar nicht. Wer lässt sich schon gerne aussaugen? Im fünften Chakra, im Kommunikationschakra, wäre mir die Verbindung nach besagter Begegnung wahrscheinlich auch nicht mehr dienlich gewesen. Zumindest dann nicht, hätte ich mich nicht auf telepathischer Ebene weiter unterhalten wollen. In meinem Kopf säße dieser andere Mensch, hätte ich seine Fäden in meinem sechsten Chakra gefunden. Es hätte ihn sicher sehr interessiert, was ich denke, vielleicht auch über ihn denke. Und im siebten Chakra hätte so ein Zugriff etwas von „den anderen beherrschen wollen“. Da fliegen solche Fäden ohne lange Überlegung sofort wieder heraus.

Zum Ziehen solcher Verbindungslinien für Sie selbst, aber auch jedes andere Wesen, mit dem Sie arbeiten, errichten Sie wieder den Schutzkreis. Erdung und Reinigung natürlich eingeschlossen. Lassen Sie frische, klare Energie durch die Aura fließen und betrachten dann die Chakren. Schauen Sie genau hin, ob Sie solche Fäden oder Linien zu anderen Wesen finden können. Fragen Sie wenn nötig, zu welchen Wesen die Verbindung gehört oder verfolgen Sie die Energie zurück zur „Sendestation“. Danken Sie dem anderen Wesen für sein Interesse an Ihnen und ziehen Sie die Fäden beziehungsweise den Energiefaden ganz langsam, mit Feingefühl aus Chakra und Aura heraus – soweit Sie das für notwendig halten. Achten Sie darauf, dass das Chakra nicht beschädigt wird. Machen Sie sich bewusst, dass Sie die Wahl über diese Fäden haben. Gibt es beispielsweise einen, den Sie nicht herausziehen können oder der sich immer wieder neu in Ihrem Chakra positioniert, so wollen Sie das so. Hinterfragen Sie, warum das so ist, und lassen ihn, wo er ist, bis dieses Thema zwischen Ihnen und dem anderen Wesen geklärt ist.

Nachdem Sie diese Technik in allen Chakren angewandt haben, füllen Sie sich wieder mit der Kraft der goldenen Sonne auf. Lassen Sie die Energie durch sich fließen und gehen wieder Ihrem Tagewerk nach.

3. Eine einfache Heilung erkrankter Organe

Schaffen Sie zu Beginn wie immer Ihren Schutzkreis, erden Sie sich und kommen zur Ruhe. Nehmen Sie Kontakt zu den Engeln und Geistführern des zu heilenden Wesens auf und bitten um deren Beistand. Dann schaffen Sie sich die 8 als Schutz zwischen sich und dem anderen Wesen. Rufen Sie das zu heilende Wesen in den leeren Kreis der 8 oder schaffen sich die Trennungsrosen, die Sie beide als Wesen voneinander trennen. Erden Sie nun auch das andere Wesen mit seiner Energie.

Betrachten Sie, mit welchen Chakren das erkrankte Organ in Verbindung steht. Erschaffen Sie erneut eine Rose. Farbe und Größe sind dabei egal, die Rose wird in dieser Übung dafür stehen, die schwächenden Energien aus Chakren und Organ zu ziehen, diese zu reinigen und mit neuer Kraft zu füllen. Nehmen Sie die Rose nun geistig zur Hand, betrachten Sie die schwächenden Energien im ersten der betroffenen Chakren und lassen Sie diese von der Rose aufsaugen. Ist die Rose gefüllt mit dieser Kraft, so zerstören Sie sie. Dann erschaffen Sie eine neue Rose, und weiter geht's. Ist das Chakra – von wie vielen Rosen auch immer – gereinigt, dann erschaffen Sie eine Rose, mit der Sie das Chakra wieder mit heilender, Leben spendender Kraft anfüllen. Sind mehrere Chakren betroffen, so gehen Sie nun zum nächsten und reinigen auch dieses.

Sind die beteiligten Chakren gereinigt, kommt das Organ selbst an die Reihe. Erschaffen Sie für dieses Organ eine Rose, welche wieder die schwächenden Energien abzieht. Sehen Sie sich an, welche Energien da störend tätig waren, und lassen Sie diese mit der Rose gehen, sobald sie gefüllt ist. Während meiner geistigen Arbeit färben sich diese Rosen dann meist schwarz, sind sie voll von schwächender Energie. Zerstören Sie die Rose wieder und erschaffen eine neue. Ist das Organ sauber, nehmen Sie wieder eine Rose zur Hand, die es mit Kraft spendender Energie anfüllt. Speisen Sie das Organ mit dieser Energie und lösen die Rose anschließend wieder auf.

Sie können die Energien des Organs aber auch durch ein Erdungskabel in die Erde abfließen lassen. Mutter Erde wird sich dieser Kräfte annehmen und sie reinigen, darauf dürfen Sie vertrauen. Zu diesem Zweck schauen Sie sich das erkrankte Organ genau an, geben Sie ihm ein Erdungskabel, wie Sie es bei sich selbst auch immer machen. Dann lassen Sie all die Energien, die dem zu heilenden Wesen nicht mehr dienlich sind, durch das Kabel, das Seil oder den Stamm in die Erde fließen. Stellen Sie sich den reinigenden Wasserfall vor, der noch einmal so richtig ausspült, was zu diesem Organ nicht mehr an Energien gehört. Lassen Sie alles in die Erde abfließen. Ist das Organ gereinigt, so lassen Sie das Erdungskabel wieder fallen. Suchen Sie dem Organ nun ein neues Erdungskabel und lassen Sie das Gold der Erde durch das Kabel hinauf in das Organ fließen. Aus dem Kosmos suchen Sie sich auch eine Heilenergie, die intuitiv der entspricht, die das Wesen für sein erkranktes Organ benötigt. Lassen Sie die heilende Energie aus dem Kosmos in das Organ fließen, die Farbe der Energie wird genau die sein, die das Wesen zum jetzigen Zeitpunkt braucht. Füllen Sie das Organ so lange mit dieser Kraft, bis Sie den Eindruck haben, es ist getan.

Haben Sie Chakren und Organ zu Ihrer Zufriedenheit geheilt, fragen Sie ruhig noch bei Ihrer Führung, den Engeln des Wesens oder seinem Geist, ob es tatsächlich nichts mehr zu tun gibt. Haben Sie weitere Anweisungen aus den geistigen Reichen erfüllt, so lösen Sie die Verbindung zwischen sich und dem Wesen.

Jetzt schauen Sie sich selbst noch einmal an. Haben Sie trotz 8 oder Trennungsrosen Energien des anderen Wesens in sich aufgenommen? Diese Energien werden dem Anderen fehlen und Ihnen sind sie auch nicht dienlich, da Sie sowie das andere Wesen immer nur mit eigener Energie arbeiten können. Es ist wie beim Isländer Serkur – die Energien aus den Kämpfen zwischen Mensch und Tier konnten die Menschen nicht nutzen, auch wenn sie über Jahrhunderte bei ihnen lagerten. Deshalb ist es in solchen Fällen immer sinnvoll und wichtig, die Energien zurückzuholen oder zu geben. Sie dienen keinem Anderen. Sie stören allerhöchstens, indem sie mit fremden Informationen die eigenen verändern. Schaffen Sie erneut zwei Rosen. Die eine saugt wie magnetisch Ihre Energie aus dem anderen Wesen und führt sie Ihnen wieder zu. Die andere Rose macht das Gleiche bei Ihnen für das andere Wesen. Füllen Sie sich jetzt noch mit der goldenen Kraft der Sonne auf. Genießen Sie diesen Zustand, so lange Sie wollen, und kommen dann zu 100 Prozent zurück ins HIER und JETZT.

4. Das Verbinden eines Geistwesens mit seinem physischen Körper

Wie eben schon bei Pepa beschrieben, wird es häufig notwendig sein, Körper und Geistwesen miteinander zu verbinden. Ich werde Ihnen diese Übung beschreiben, doch bevor Sie andere Körper und Wesen miteinander verbinden, ist es sicher interessant, Ihren eigenen Körper mit Ihrem Wesen bekannt zu machen.

Setzen Sie sich wieder gut geerdet und geschützt auf einen Stuhl. Kommen Sie zur Ruhe, lassen Sie alle Ereignisse des Tages von sich abfallen und legen die Farbe Gold auf Ihr Kronenchakra. Lassen Sie sie durch all Ihre Körper fließen. Aktivieren Sie nun Ihr persönliches Hilfsmittel zum geistigen Sehen. Das kann, wie bereits vor mehreren Kapiteln erwähnt, die Kristallkugel, die Leinwand oder möglicherweise der stille, spiegelglatte See sein. Was auch immer Sie verwenden, es wird Ihnen dienlich sein. Dann stellen Sie sich mit der Kraft Ihres Geistes ein Rose vor. Diese Rose symbolisiert Sie selbst. Betrachten Sie genau, wie sie aussieht, hat sie Knospen? Ist die Blüte weit geöffnet? Duftet sie und hat Blätter am Stengel? Reicht der Stengel bis in die Erde und schlägt Wurzeln? Betrachten Sie die Farbe der Rose, ihre Form und Gestalt. Dann stellen Sie sich eine Energiekugel vor. Schauen Sie, an welcher Stelle des Bildschirms, der Kristallkugel, ... sie sich positioniert. Steht sie direkt über der Rose und empfängt diese ihre Energie oder sind beide weit voneinander entfernt? Ist die Kugel schwach oder stark in ihrer Leuchtkraft? Groß oder klein? Betrachten Sie gut, wie Rose und Energiekugel zueinander stehen, denn die Kugel symbolisiert Ihre persönliche Quelle, die Kraft Ihrer Handlung.

Lösen Sie die Energiekugel nun wieder auf und erschaffen an gleicher Position dafür eine weitere Rose. Sie steht für Ihr Wesen. Sehen Sie sich diese Rose an. Nehmen Sie alle Einzelheiten wahr, Farbe, Größe, ... Mit Ihrer Vorstellungskraft bewegen Sie die zweite Rose jetzt hinunter zur ersten. Sie überlappen einander und verschmelzen – Körper und Geistwesen wurden verbunden. Nach gelungener Vereinigung können Sie noch einmal wahrnehmen, ob sich etwas oder was sich verändert hat. Betrachten Sie sich ganz genau, bevor Sie beide Rosen wieder auflösen. Sagen Sie nun JA zu Ihrem Körper, Ihrem Geist und Ihrer Seele. Kommen Sie zurück ins HIER und JETZT.

Wollen Sie später Körper und Wesen eines Anderen verbinden, so macht das keinen Unterschied. Erschaffen Sie die Rosen jetzt symbolisch nicht für sich, sondern für das andere Wesen. Der restliche Teil der Übung bleibt identisch. Was ich Ihnen weiterhin vorschlagen möchte: Rufen Sie sich als Wesen immer wieder zurück in den Körper. Rufen Sie verbal Ihren Namen und sagen Sie sich, dass es notwendig ist, bei sich selbst hier auf der Erde zu sein. Erklären Sie sich, dass Ihr Körper Sie als Geistwesen benötigt. Diese Techniken angewandt, werden Sie sich Ihres Wesens und Körpers bewusster. Genau wie die von Ihnen behandelten Tiere.

Erlösung und Vollendung – Prozesse des Bewusstwerdens

Ich spreche im gesamten Buch davon, dass die mit uns Menschen lebenden Tiere große Wesen sind, die uns durch ihre Körper begleiten und durch ihr Wesen lenken, sagen wir, führen können. Sie wissen bereits, sie übernehmen auch Ihre Störfelder in die eigenen Körper. Doch nicht jedes Wesen hat Bewusstsein von seinem Plan. Hale Bob sagte schon, jede Seele habe Macht, doch schwer falle die Verbindung. Dieser Aspekt erklärt, warum Dinge sind, wie sie sind, selbst wenn wir große Wesen an unserer Seite haben. Doch befindet sich jedes Wesen zu jeder Zeit in einer neuen Entwicklungsphase. So wie Shiva von seinem Wachstum sprach, lebt jedes Wesen dieser Erde in einem persönlichen Prozess.

Und wenn ich für eines wirklich dankbar bin, dann dafür, dass mir meine Helferwesen immer alles direkt im Außen, im Körper vor Augen führen. Als Gulliver zu mir kam, war er gerade ein halbes Jahr alt. Cassiopeia war gegangen, hatte ihren physischen Körper sterben lassen und mich angewiesen, für Josephine (alles Kaninchen) wieder einen Lebensgefährten zu finden. Ich holte Gulliver also aus dem Tierheim und wusste sofort, in ihm steckt dasselbe Wesen, welches mich damals im Körper des ersten mit mir lebenden Kaninchens Tiger durchs Leben begleitet hatte. Drei Jahre nach seinem körperlichen Tod war er wieder da. In gleicher Zeichnung und gleichen Fellfarben, nur mit Schlappohren anstatt stehenden. Nachgefragt, wie er heißen möchte, bekam ich zur Antwort, es sei nicht wichtig. Ich solle den Namen wählen, der mir gefalle. So wurde und wird er noch heute Gulliver genannt. Doch obwohl ich von seinem Wesen erfahren hatte, er sei tatsächlich mein Tiger, erschrak sein Körper noch oft vor mir. Auf der Seelenebene bestand zwischen uns eine große Vertrautheit – auf körperlicher Ebene musste er sich zu Beginn dieser Erdenbeziehung aber erst wieder orientieren. Gulliver brauchte ein halbes Jahr, bis er im HIER und JETZT angekommen war. Bis sich seine Energie sozusagen in die Form ergoss und er auch im physischen Körper Bewusstsein über sich und die tiefe Verbindung zwischen uns hatte. Plötzlich begann er sogar gleiche Verhaltensmuster wie damals als Tiger an den Tag zu legen. Er will heute genauso gestreichelt werden wie früher. Die gleichen Futtervorlieben zeigen sich, und auch sein Freiheitsdrang ist wie eh und je. Josephine und Cassiopeia sind und waren da ganz anders: andere Vorlieben, andere Kuschelwünsche, jede für sich lebt und lebte das eigene Wesen, ganz individuell.

Die Individualität ist es auch, die ich den Wesen in Tierkörpern zu leben gestatte. Wie anderen Weggefährten und mir selbst natürlich auch. Ich weiß, es mag nicht einfach sein, das zu verstehen, denn immer wieder begegne ich auch Menschen, die kein Bewusstsein von sich selbst haben. Ihnen ist es kaum möglich, den mit ihnen lebenden Tieren Individualität zu gestatten, sie werden sie nur dann wirklich lieb haben, wenn sie bedingungslos gehorchen. Und dabei geben sich viele Wesen in Tierkörpern auf. Sie haben keine Wahl, sie leben in solchen Konstellationen zu sehr in der Energie des Menschen, so dass sie sich kaum aus dessen System befreien können. Doch wie wunderbar könnte das Zusammenleben sein, fände das Ich-Bewusstsein eines jeden Tieres endlich Entfaltung. Ich kenne viele Menschen, die mich jetzt Spinnerin schimpfen mögen, und doch gibt es auch die, die schon gesehen haben, was ich meine. Hale Bob lebt dieses Ich-Bewusstsein, und auch Josephine, Gulliver und der kleine Muriel Löwenherz (ein Kater) sind große Verfechter dieses Evolutionsschritts. Der Freiheitskämpfer Gulliver – welcher mit seiner Energie übrigens stark auf der Ebene der Naturwesen arbeitet, und sich als Elf zeigt, – hat mir bereits in seinem Leben als Tiger sehr deutlich gemacht, dass Kaninchen nicht hinter Gitter gehören. Und Hale Bob zeigte mir, selbst wenn ich nicht mit ihm sprach, durch seinen Körper, was er für sich entschieden hatte. Ich hätte mich nie auf ihn gesetzt ohne vorher gefragt zu haben, ob er Lust auf einen Ausritt oder die Arbeit in der Halle hat. Sein Geist verleiht dem Körper derart Ausdruck, dass niemand, der einem Wesen mit Achtung gegenübertritt, dieses Ich-Bewusstsein übersehen könnte. Das bedeutet aber nicht, dass alle mit mir lebenden Tiere nicht auch ihren Plan erfüllen: Sie wollen für mich da sein und lassen auch ihre Körper erkranken – teils, um angreifende Energien abzufangen, die sie für mich tragen, teils aber auch, um mich einfach nur aufzurütteln und an meine Störfelder zu erinnern.

Was diesen Auftrag der mit uns lebenden Tiere angeht, so bin ich vielen Tieren begegnet, die über Jahre die Zähne zusammengebissen haben – insbesondere Pferde –, um ihren „Besitzern" in der täglichen, körperlichen Arbeit ja nicht auszufallen. Sie leiden stumm, sie verlieren häufig die Achtung vor sich selbst, erleben wirklich keinen lebenswerten Zustand in der Disharmonie des Körpers – und das alles den mit ihnen lebenden Menschen zuliebe. Geschehen kann dies, da der Mensch nicht genügend Bewusstsein über sich selbst hat und es auch nicht den mit ihm lebenden Tieren zugesteht. Er sieht nicht genau genug hin und erkennt nicht die fehlende Würde, die so wichtig ist, um einen Körper zu beleben. Für den Menschen ebenso wie für seinen Tiergefährten.

Eine Stute antwortete mir auf die Frage ihrer Menschenfreundin, wann sie wieder gesunde: *„Sie ist ungeduldig, meine Kleine. Jahre hat sie mich geschunden und erwartet jetzt, dass ich springe. Ich werde mit ihr gehen. Ich werde mit ihr gehen, wenn es Zeit ist."*

Als ich fragte, ob sie sich sehr krank fühle, sprach sie: *„Nicht kränker als vor ein paar Wochen, aber ich lebe es jetzt, verdammt nochmal, ich lebe es jetzt. Sie soll sich gedulden und mich wachsen lassen. Ich werde zu einer Blume erblühen, wie sie es nie erhofft hat. Ich gehe mit ihr, kommt die Zeit. Entwicklung ist kein stagnierender Prozess, sie fließt. Ich lasse fließen. Die Lahmheit gehört zum Fluss meines Lebens. Ich werde sie auskurieren und wieder gehen."*

Die Stute sprach weise und zukunftsorientiert. Ihre Menschenfreundin sollte im Laufe der Zeit erkennen, dass sie recht sprach und angetreten war, Bewusstheit ins Leben zu bringen. Doch genau wie wir Menschen nicht immer die stärkenden Kräfte unseres Seins leben, oft nicht Eingeweihte unseres Erdenplans sind, sind es möglicherweise auch die Tiere nicht. Romero kannte diesen Zustand. Der damals siebenjährige Wallach ließ niemanden auf seinen Rücken. Ich erfuhr aus einem Gespräch mit ihm, dass ihn niemand so sähe, wie er wirklich sei. Alle sähen nur das, was sie aus ihm machen wollten – ein Reitpferd. Die logische Frage war natürlich: Was bist Du denn? *„Ein Engel, ein Erzengel."* Seine Antwort verblüffte mich nur aus einem Grund – er leuchtete nicht wie die anderen Engel, die ich bislang gesprochen und gesehen hatte. Er nahm seine Aufgabe auf dieser Erde beziehungsweise den Körper, durch den er sie erfüllen sollte, nicht an. Er hatte kein Bewusstsein von seiner wahren Kraft. Deshalb war sein Licht verschwunden. Er lebte die Dunkelheit, den Pol seiner Kräfte, der ihn schwächte und den Kampf bedeutete. Und eben diese Dunkelheit begegnete ihm auch im Außen, durch den Menschen. Ein Trainer nahm ihn sich zur Brust, und für mich war es schwierig, so etwas Gewalttätiges mit anzusehen. Aber wenn ich eines gelernt habe, dann, dass ich nicht einschreite, ohne aufgefordert zu sein. Einen Tag nach diesem Ereignis sprach ich abermals mit Romero. Seine Worte dürfen Sie in ihrer ganze Größe wahrnehmen:

Romero, wie hast Du die Härte des Trainers empfunden?

„Ich hatte abgeschlossen mit meinem Leben. Diese Qualen, die Menschen an uns tun, sollten mich nicht nähren. Ich wollte gehen."

Und wie geht es Dir jetzt?

„Ich erstrahle in meiner Herrlichkeit. Ich kann sehen, ich kann die Aufgabe meines Herzens sehen."

Erzähl mir, wie kam es dazu?

„Es geschah in der Nacht. Ich hatte mich abgewandt von meinem Leben, da trat ein Engel an meine Seite und empfing mich mit seinem Licht. Es war ein warmes, strahlendes Licht. Und ich wusste, meine Aufgabe kann ebenso wärmend und strahlend sein wie die dieses Engels."

Was denkst Du nun über Dein Leben in diesem Pferdekörper, Romero?

„Der Weg ist ein schwieriger Weg. Es ist eine sehr große Aufgabe, ihn durch so einen Körper zu gehen. Aber es ist eine Aufgabe, die ich annehmen kann, die mein Herz erweitert – meine Fähigkeiten in lichte Reiche trägt."

Romero hatte in meinen Augen den Vorteil, sich auf seelischer Ebene nicht selbst verloren zu haben. Dort wusste er noch um sich, wusste, wer er war. Auf der Erde lebte er lange die Kehrseite seiner Kraft, doch nach erzähltem Erlebnis war der Weg nun frei, seine lichte Kraft ganz im eigenen Tonus auf die Erde zu bringen.

„Entwicklung ist kein stagnierender Prozess, sie fließt ...", das durfte auch Rieke erleben. Die Hündin aus dem Kapitel *„Krankheiten und ihr Ursprung"* wusste lange nicht um sich. Zu erkennen, mit welchem Auftrag sie gekommen war, war ein Prozess, den ich mit mehreren Kommunikationen, dem Lösen von Mustern und Ängsten begleiten durfte. So drang sie in wunderbare Seiten ihres Wesens vor. Auch so kann ein Heilprozess ablaufen. Öffnen Sie sich für jede aller Möglichkeiten. Ich beginne nun beim dritten Gespräch mit Rieke:

Hallo, Rieke, ich bin's, Anja. Hast Du Zeit für ein Gespräch, und geht es Dir gut?

„Schön, dass Du kommst. Ich habe lange nichts von Dir gehört. Ich kann mich nicht beklagen. Ich wachse und erkenne meine Aufgaben."

Und kann sich Dein Körper jetzt besser zurechtfinden in diesem Hundeleben?

„Ich arbeite daran. Es ist ein Prozess, durch den ich gehe. Ich werde wachsen, aber brauche Zeit.

Rieke, ich habe überlegt, ob es nicht gut wäre, wenn Bettina Dich mit Aura-Soma unterstützt. Was hältst Du davon?

„Oh, ich könnte mir gut vorstellen, dass ich mir ein bisschen helfen lasse. Was kostet es denn?"

Ich nannte den Preis und fragte, ob sie eine Flasche wolle.

„Das ist ein bezahlbarer Preis. Ich nehme gerne zwei."

Gut, möchtest Du Bettina noch etwas sagen?

„Nein, heute schweige ich mich aus. Sie soll mich behandeln mit Deinen Flaschen. Dann werden wir sehen. Natürlich ist es eine große Erleichterung, wenn mir auf diese Art geholfen wird."

4. Gespräch

Hallo, Rieke, ich bin's, Anja. Wieso versteckst Du Dich?

„Sie hat mich geschlagen."

Ja, ich habe es schon gehört, Du hast einen Klaps auf den Po bekommen.

„Sie soll mich wieder lieb haben, sag ihr, sie soll mich wieder lieb haben. Ich wollte meinen Kopf durchsetzen, und dann ist es passiert. Sie hat mich nicht mehr lieb, ich glaube, sie hat mich nicht mehr lieb."

Nein, Rieke, so ist das nicht. Sie hat Dich nach wie vor lieb.

„Warum zeigt sie es mir dann nicht?"

Ach, Rieke, erzähl mir von dem Prozess, der sich für Dich auftut.

„Ich erlebe Hochs und Tiefs. Ich sehe mich als Hund und erlebe meine Kraft. Ich habe große Kraft. Wie soll ich mit der umgehen? Ich weiß mir gar nicht zu helfen, wie soll ich mit meiner Kraft denn umgehen?"

Nutze diese Kraft für die Liebe, Rieke.

„Ich soll mich in eine Einheit begeben mit allem, was ist. Ich soll wachsen und sie führen. Ich habe große Aufgaben in diesem Leben. Ich bin angetreten, um sie ins Licht zu führen. Wusstest Du das?"

Ja, ich habe es vermutet.

„Warum hast Du mir nichts davon erzählt?"

Weil es der Weg war, es selbst zu erkennen, Rieke.

„Was soll ich jetzt tun?"

Du musst Deinen Weg finden, den Plan, nach dem Du angetreten bist, zu verwirklichen.

„Wie soll ich das tun?"

Dazu bedarf es Deiner Phantasie. Verbinde Dich mit Deinen Engeln und sie werden Dir den Weg weisen.

„Wo sind meine Engel?“

In Deinem Herzen, Rieke.

„Ich soll den Weg in Frieden gehen, das war ihre Botschaft. Ich soll nicht mit meiner Kraft arbeiten im körperlichen Sinne, ich soll sie führen durch meinen Geist.“

Ja, so soll es sein. Möchtest Du Bettina jetzt noch etwas sagen?

„Ich möchte mich entschuldigen, wusste ich doch nicht, mit meiner Kraft zu walten. Es ist mir ein großes Bedürfnis, ihr meine Liebe zu zeigen. Ich habe die Kraft der Herzen entdeckt. Ich habe Vergebung gefunden in meinem Sein. Ich weiß nun um meinen Auftrag, ich werde ihn mit Liebe erfüllen. Meine Führung sei ihr gewiss. Ich will ihr noch sagen, dass sie mir vertrauen darf und ich mein Wesen ändere. Ich will ein gehorsamer Hund sein, der in Frieden mit seinem Herren lebt. Ich bin die Kraft, die Liebe in die Welt zu bringen. Ich will diese Kraft nun auch leben. Ich bin frei, zu lieben und zu geben. Das muss einem ja auch mal gesagt werden. Woher sollte ich denn wissen, dass ich so eine Aufgabe habe? Ich bin doch nur ein kleiner Hund.“

Ja, aber ein großes Wesen.

„Ach, wenn ich das alles vorher gewusst hätte, wäre manches leichter gewesen.“

Das war der Weg, Rieke.

„Ein steiniger Weg, aber ich bin ihn gegangen bis ans Ziel. Ich werde ihr dienen in meinem Sein. Ich finde, sie sollte noch wissen, dass ich es aus freien Stücken tue. Niemand zwingt mich, unsere Verabredung steht. Ich bin frei.“

Rieke war also den Weg in die vollkommene Bewusstheit gegangen. Unterstützt hatte sie dabei auch die Einreibung mit Produkten von Aura-Soma. Ich verwende sie manchmal als zusätzliche Hilfe in meiner Arbeit.

Entwickelt wurde Aura-Soma von der Engländerin Vicky Wall vor vielen Jahren für den Menschen – ich habe für mich begonnen, diese Methode auch für Tiere einzusetzen. Denn allein die Entschlüsselung des Namens Aura-Soma macht deutlich, wo diese Therapie ansetzt: in den Tiefen des Seins. Als „Aura" wird das elektromagnetische Feld um jedes Lebewesen bezeichnet, die verschiedenen Körper, wie Sie wissen. Aus dem Lateinischen übersetzt heißt es Hauch, Schimmer oder auch Dunst. Das Wort „Soma" ist aus verschiedenen Sprachlehren bekannt: Altgriechisch heißt es Körper, in der altindischen Sprache Sanskrit wird damit ein geheimnisvoller Trank bezeichnet, der die Seele in einen göttlichen Rauschzustand versetzt. Mit dem Einreiben dieses Öl-Wasser-Gemischs aus einer der 104 verschiedenen Equilibrium-Flaschen stößt ein jeder also in Bereiche seines Unterbewusstseins vor. Die Flüssigkeiten unterstützen den Weg der eigenen Erlösung, und neben den Mineralien- und Pflanzenessenzen spielen auch die Farben eine entscheidende Rolle: Die jeweils zwei Farben einer Flasche gehen sofort in Resonanz mit den Chakren.

Sollten Sie an Aura-Soma interessiert sein, es gibt viel Literatur zu diesem Thema. Ich wiederum schildere hier gerne einen Fall aus meiner Praxis: Estelle, die Stute einer meiner Freundinnen, fand ihren Körper derart unbequem, dass sie ihn nur sehr selten bewohnte. Gut heißen konnte ich das natürlich nicht. Zum Einen können sich in solchen Momenten ja andere Wesenheiten des Körpers bemächtigen, und zum Anderen entzog sie sich ihrem Leben, dem gesamten Erdenprozess, nach dem sie angetreten war. Indem ich mich in ihren Körper versetzte, fand ich heraus, dass sie einen tiefen Schmerz in sich trug, sich wie abgekapselt in einer Blase fühlte und die Welt da draußen wie unter Wasser wahrnahm. Außerdem war ihr wahres Wesen so fein, so samtweich und fließend, dass ich verstehen konnte, wie wenig sie sich in ihrem physischen Körper aufhalten mochte. Er war für sie wie ein Klotz.

Die erste Aura-Soma-Flasche, die sich Estelle also zur Behandlung aussuchte, entsprach genau ihrem Wesen. Der Name: „Alte Seele". Die Farben: königsblau über zitronengelb. Als Persönlichkeitsaspekte, an denen gearbeitet werden kann, steht zu dieser Flasche im Buch *„Aura Soma – Heilung durch Pflanze, Farbe und Edelsteinenergie"* von

Irene Dalichow und Mike Booth: „Tut so, als sei sie zentriert und im Gleichgewicht, aber es steht nichts als innere Anspannung dahinter. Das Leben gibt ihr viel, sie weiß damit aber nichts anzufangen." BINGO, das war genau das, was Estelle lebte. Nachdem ich sie gefragt hatte, wo sie den Inhalt der Flasche aufgetragen haben wollte, schritten wir zur Tat. Estelle wurde einmal pro Tag am Herz- und Solarplexus-Chakra eingerieben, doch sobald ich das tat, begann sie, nach mir zu beißen. Cornelia biss sie während dieser Prozedur nie, und ich fragte, warum: *"Bei Dir wirkt es sogleich und die Verbindung steht"*. Ja, sie hatte recht, ich verband mich mit ihr und dachte, während ich die Flasche zur Hand nahm, „für Estelle". Die schnelle Verbindung zu ihren unerlösten Mustern beunruhigte sie also. Sie hatte Angst, wollte Heilung, aber aus ihrem alten und bekannten Trott sicherheitshalber nicht heraus. Von dem, was die Zukunft bringen könnte, hatte Estelle ja nicht einmal eine Idee – denn die Vielfalt ihres Seins stand lange schon vor der verschlossenen Tür.

Wollen Sie mit Aura-Soma arbeiten, achten Sie bitte darauf, ein Tier niemals allein in solchen Behandlungen zu lassen. Kommunizieren Sie mit ihm, leiten Sie an und leisten Hilfestellung. Und lassen Sie dem Tier die Zeit, die es benötigt. Ich frage mich immer, was es den Menschen eigentlich kostet, sich einige Monate, vielleicht ein halbes oder auch ein ganzes Jahr und mehr zu gedulden, bis ein mit ihm lebendes Tier – im Falle seiner eigenen Unausgewogenheiten – von tief sitzenden Störungen Gesundung findet? Der Mensch ist es doch, der ganz langsam im Außen die absolut erkennbaren, gar wundervollen Verwandlungen wahrnehmen darf – ja, die Heilung des Tierfreundes und seiner selbst erleben darf, Schritt für Schritt. In so einem Fall ist der Mensch möglicherweise angetreten, um zu helfen. Was für ein Glücksfall.

Praxis

1. Ein Sicherheits-Schlüssel für Wahrnehmungen

Ich weiß, Sie tragen und erbitten jeweils das *„Schwert der klaren Unterscheidung"*. Aber möglicherweise ist dieses Schwert gar nicht das Instrument, welches für Sie im Speziellen bestimmt ist. Deshalb möchte ich gerade zum Kapitel *„Erlösung und Vollendung – Prozesse des Bewusstwerdens"* eine Übung vorstellen, die Sie Ihr ganz persönliches Symbol, Ihr eigenes System zur Wahrheitsmessung finden lässt.

Errichten Sie auch hierzu wieder Ihren Schutzkreis, erden Sie sich und lassen die Energien aus Erde und Kosmos durch sich fließen. Dann legen Sie sich die Farbe Gold auf Ihr Kronenakra und verbinden sich mit der göttlichen Ouelle. Nun schaffen Sie sich möglicherweise wieder die Leinwand, die Kristallkugel oder den spiegelglatten See, um mit Ihrem geistigen Auge sehen zu können. Viele von Ihnen haben diese unterstützende Hilfe vielleicht auch nicht mehr nötig, dann gehen Sie gleich in Ihr sechstes Chakra und erbitten dort ein Symbol, welches genau für Sie bestimmt ist und Ihnen als Messinstrument dienlich ist. Erbitten Sie ein Symbol, welches Ihnen klar und rein die göttliche Wahrheit mit seinem Erscheinen präsentiert.

Sind Sie sich in dieser Übung nicht sicher, ob das erschienene Symol wirklich gut und richtig ist, so lassen Sie es einfach wieder gehen oder packen es in eine Rose und zerstören diese außerhalb Ihrer Aura. Erschaffen und zerstören Sie ruhig noch einige Rosen für behindernde Energien und bitten dann erneut um ein Symbol. Erscheint dieses klar und rein, so können Sie sicher sein: Genau dieses Symbol wird für Sie der zukünftige Wahrheitsmesser sein, mit dem Sie die allumfassende göttliche Wahrheit von vorspiegelnden, falschen Tatsachen zu unterscheiden wissen.

Bedanken Sie sich nun bei der geistigen Welt für dieses Symbol, legen Sie sich noch einmal die goldene Sonne auf Ihr Kronenchakra und lassen ihre Energie kraftvoll in sich fließen. Kommen Sie zurück in den Alltag, heben Sie den Schutzkreis auf und nehmen Ihren Körper wieder ganz und gar wahr.

Wenn Sie mögen, legen Sie sich zukünftig dieses Symbol auf Ihr Kronenchakra bevor Sie zu kommunizieren oder anderweitig geistig zu arbeiten beginnen. Sehen Sie sich immer wieder an, ob es in seiner Reinheit, in den bekannten Farben und seiner Leuchtkraft vorhanden ist. Dann können Sie sicher sein, die allumfassende göttliche Wahrheit zu empfangen. Verändert sich das Symbol während Ihrer Arbeit, so setzen Sie sich ganz auf sich zurück, erbitten es neu und erarbeiten sich erneut, was sich als Wahrheit zeigen möchte.

2. Betrachten von Licht und Schatten

Manchmal werden Themen von außen an mich als Wesen herangetragen, die mich in meinem Sein eigentlich nicht berühren bräuchten – so wie Serkur beispielsweise die Energien seiner Ahnen noch mit sich herumtrug. Ich habe mir deshalb angewöhnt, mein Leben sehr langsam zu leben. In der Langsamkeit finde ich die Wahl der reinen Handlung. Denn wie oft geschieht es, dass sich zwei Wesen – in welcher Form auch immer – aneinander aufreiben und streiten?

Die Emotionen spielen sich hoch, keiner nimmt den anderen mehr wahr und sich selbst natürlich auch nicht. Die erste Frage in so einem Fall sollte immer die nach den eigenen Bedürfnissen sein. Um das aber herauszufinden, ist es besser, die erwähnte Position zu verlassen, ein paar Schritte nach hinten zu machen und das Ganze aus einer anderen Sicht zu betrachten. Ich habe für mich gefunden, nicht immer sofort handeln zu müssen. Denn manches Mal verändert sich meine Handlung mit überdachter Situation. Sie wird reiner. Ich betrachte, was ich in diesem Moment benötige, und gebe es mir selbst. Ich kann von keinem anderen erwarten, dass er mich mit seiner Kraft versorgt. Bin ich bei mir, kann ich mir ansehen, was das andere Wesen eigentlich benötigt. Möglicherweise bin ich in der Lage, es ihm zu geben, dann werde ich das tun. Bin ich es nicht, trennen sich unsere Wege, denn wahrscheinlich bringt das andere Wesen kein Verständnis, keine Achtung für mich auf. Ich bin im Licht, habe mit meiner mich stärkenden Kraft des Bewusstseins gearbeitet und die schwächende Kraft aus dieser Situation herausnehmen können.

Um so etwas klarer sehen zu können, bietet sich natürlich auch eine Seelenreise an. Schaffen Sie sich wieder einen Raum, in dem Sie sich wohl fühlen und gut geschützt sind. Legen oder setzen Sie sich entspannt hin und bitten Sie Ihren Geistführer, Ihr persönliches Krafttiere oder einen Engel an Ihre Seite. Bitten Sie um Führung aus einer verstrickten Situation. Dann stellen Sie sich wieder unter den Regenbogen, der Sie mit ein oder zwei Farben schützend umhüllt. Treten Sie durch die Ihnen bekannte Nebelwand hinein in die geistigen Reiche. Sie werden vielleicht in Ihrem persönlichen Raum oder Ihrer Landschaft landen, einem Rückzugsort jedenfalls, den nur Sie kennen. Dort betrachten Sie ganz in Ruhe, wie die zu lösende Situation im Licht der Göttlichen Quelle, im allumfassenden Bewusstsein aussieht. Fragen Sie nach Botschaften und betrachten Sie, welche fremde Kraft Ihnen in die Quere kommt oder welches persönliche Muster Sie nicht die stärkenden Kräfte Ihres Seins leben lässt.

Dann lösen Sie die Kräfte auf. Sie werden im Laufe der Arbeit mit dem Buch bestimmte Techniken oder Vorlieben für Methoden entwickelt haben. Wenn nicht, versuchen Sie es mit dem Wasserfall. Lassen Sie das Wasser alle Fremdenergien und nicht mehr dienlichen Muster ausschwemmen. Können Sie erkennen, dass sich die Situation entspannt, so füllen Sie alles mit dem reinen weißen Licht des Neubeginns an. Hüllen Sie den blauen Mantel des Schutzes darum und betrachten den neuen Weg der Handlung.

Sie können übrigens auch frühere Erlebnisse betrachten. Schauen Sie sich ruhig an, welche Aktionen in Ihrem Leben mit der stärkenden, lichten Kraft in Ihnen in die Welt gegeben wurden und welche mit schwächender, dunkler Energie. Erinnern Sie sich, dass alles im Leben zwei Seiten hat, die untrennbar zueinander gehören, und bringen Sie sie in Einklang.

Haben Sie auf Ihrer Reise alle offenen Frage klären können, so treten Sie wieder durch den Nebel in den Regenbogen hinein. Betrachten Sie noch einmal die Farben, die Sie schützen, und kommen auf allen Ebenen zurück ins HIER und JETZT.

3. Geschaffene Gedankengebilde erlösen

Es geht immer wieder um die nicht mehr dienlichen Muster, und deshalb möchte ich noch eine weitere Möglichkeit anbieten, sie zu erlösen. Im Kapitel „Krankheiten und ihr Ursprung“ wurde deutlich, Schutzmuster werden von einem Wesen geschaffen, um schmerzhafte Erfahrungen aus dem eigenen Sein zu verbannen, um möglicherweise energetische Angriffe abzuwehren und sich selbst zu schützen. Doch solche Gedankengebilde, und nichts anderes sind diese Schutzmuster, werden oftmals selbst dann noch mit Energie gespeist, wenn sie längst nicht mehr dienlich sind. Ich kam einem solchen Muster bei mir selbst auf die Spur und lernte, dieses Gedankengebilde, auch Elemental genannt, aufzulösen.

Als erstes ist es dazu natürlich wichtig zu wissen, mit welchem Thema Sie sich in Ihrem Leben gerade beschäftigen sollten. Das mag sich zeigen durch intensive Gedanken an dies oder das, auch durch Träume. Ich selbst finde meine Hinweise auf den nächsten Schritt meist im Außen. Ein Ereignis, eine Begegnung, möglicherweise als versteckte Botschaft das Problem eines Freundes, mit dem dieser zu mir kommt, ein Plakat oder ein Wildtier weisen mir den Weg zum nächsten Thema. Bei ihm angekommen, wird es jetzt wichtig, dahinter zu sehen. Oft wurde durch das Gedankengebilde nämlich ein Bild im Vordergrund geschaffen, welches alles ganz friedlich aussehen lässt. Sehen Sie sich die Kraft an, die hinter diesem Bild waltet, erkennen Sie das Muster, welches zerteilt, mit Ängsten durchflutet und der stärkenden Kraft seine Macht entzieht. Durch dieses Muster werden Sie oft nicht in der Lage sein, Umstände einfach sein zu lassen, wie sie sind. Den Dingen ihren Lauf zu lassen und einzig und allein beobachtend Anteil zu nehmen.

Nehmen Sie also wieder eine bequeme Haltung ein und errichten Ihren Schutzkreis. Erden Sie sich. Bitten Sie Erzengel Michael mit der Kraft des blauen Lichtschwertes an Ihre Seite. Dann sehen Sie sich an, was sich als erstes Bild zu erwähltem Thema in Ihnen zeigt. Betrachten Sie das Bild genau und nehmen sich nun die Freiheit, es auf die Seite zu schieben. Der Blick wird frei. Das geschaffene Schutzmuster präsentiert sich endlich. Fürchten Sie sich nicht, es kann Ihnen nichts anhaben. Michael wird Sie schützen. Betrachten Sie das Muster ganz genau: Wie sieht es aus, was macht es aus und welchen Schutz bietet es Ihnen eigentlich? Rufen Sie nun den aufgestiegenen Meister St. Germain und seine Gefährtin *Kuan Yin*. Beide arbeiten auf dem violetten Strahl der Wandlung und Vergebung, senden Ihnen die Erlösung und Barmherzigkeit durch tiefes Mitgefühl. Bitten Sie, ihre Kräfte in Anspruch nehmen zu dürfen, und betrachten Sie, ob Sie den violetten Strahl, aber auch lenkende Meisterkräfte sehen, erfühlen oder visualisieren, sich also vorstellen können. Das schult Ihre Wahrnehmung. Erklären Sie dem erwählten Schutzmuster, es könne nun gehen, sein Dienst sei getan, seine Anwesenheit längst überflüssig. Erfahren Sie von der barmherzigen Kuan Yin, dass es Ihre Kämpfe nicht braucht. Lassen Sie sich von St. Germain mit der Kraft der Wandlung durchfluten und lösen alle dem Elemental zugehörigen Gedanken und nicht mehr dienlichen Vereinbarungen im violetten Feuer auf. Bitten Sie darum, dass das Muster auf allen notwendigen Ebenen Erlösung findet. Dann ziehen Sie alle Fäden, die Sie noch mit diesem Muster verbinden, aus Ihren Chakren heraus. Lösen Sie nun auch das vorgelagerte und auf die Seite geschobene Bild wieder auf. Es hat seinen Dienst getan.

Rufen Sie jetzt Ihre ureigene Energie zu sich zurück. Sie wird ihren Weg nehmen durch den violetten Strahl der Wandlung hindurch und rein Ihr Sein erreichen. Fragen Sie nach, ob alle Energie wieder bei Ihnen angekommen ist. Rufen Sie sie erneut mit der Kraft Ihres Herzens und seien sich sicher, dass jetzt all die Energie zu Ihnen zurückkehrt, die Sie im Laufe der Zeit an dieses Elemental abgegeben haben. Nun sind Sie erleichtert und angefüllt mit stärkender Kraft. Bitten Sie die Akasha-Chronik, das erlöste Schutzmuster aufzunehmen, die Energien festzuschreiben, die Sie nun in sich erlöst und gleichzeitig erneuert haben. Senden Sie dem Meister St. Germain, der Meisterin Kuan Yin und Erzengel Michael Ihre tiefe Liebe und Dankbarkeit.

Senden Sie alle Kräfte, die Ihnen zur Seite gestanden haben – möglicherweise mit diesen oder Ihren eigenen Worten –, zurück in die geistigen Reiche:

„Habt Dank für Eure lichte, dem Leben dienende Unterstützung.
Ich sende Euch nun zurück in Eure Reiche.
Friede sei zwischen Euch und mir, jetzt und für alle Zeiten."
„So sei es."

und/oder

„Liebe über alle Grenzen.
Liebe auch mit Dir, barmherzige Kuan Yin,
mit Dir, St. Germain, Meister der Umwandlung und Erweiterung,

mit Dir, Erzengel Michael, Du Diener meines Schutzes."
„So sei es."

Genießen Sie den Tanz der freien Energie und kommen zurück in den Alltag, auf allen Ebenen zurück ins HIER und JETZT. Begrüßen Sie den neuen Morgen, lösen Ihren Schutzkreis auf und feiern. Sie haben ein Muster gelöst und sich in den Prozess des Bewusstwerdens begeben.

4. Verbindung zu sich selbst, zum sakralen Herzzentrum aufnehmen

Um weiter in Ihr Selbst und Ihr inneres, intuitives Wissen eintauchen zu können, bietet sich natürlich auch die Reise ins sakrale Herz an. Im hinteren Herzchakra gibt es einen Raum, einen geheimen, der als sakrales Herz bezeichnet wird. In ihm können nur Sie sein und nur Sie werden dorthin Zugang haben.

Ich glaube, mittlerweile ist es überflüssig, den notwendigen Schutzkreis zu erwähnen. Deshalb beginne ich gleich mit der Reise: Gehen Sie mit Ihrem Bewusstsein, gehen Sie als Wesen in Ihr Herzchakra, und während dieser Reise lassen Sie die sonst übliche Erdung einfach einmal außer Acht. Sie dient hier gerade nicht. Machen Sie sich nun auf den Weg in den hinteren Bereich des Herzens. Sie werden dort einen Raum finden, möglicherweise ist er durch ein Tor oder eine Tür geschützt, den nur Sie betreten können. Begeben Sie sich nun in diesen Raum und nehmen Sie wahr, was Ihnen in diesem Raum begegnet. Dieser Raum ist Ihr sakrales Herz, der heilige Platz Ihres Wesens. Das Wissen um sich selbst, um Ihre Kraft und Herrlichkeit bewahren Sie genau in diesem Zentrum auf.

Würdigen Sie sich als Wesen in Ihrem sakralen Herzen und erlauben Sie sich, genau dieses wunderbare Wesen zu sein, welches

Ihnen hier begegnet. Schauen Sie sich um und betrachten Sie, ob es für Sie etwas in diesem heiligen Zentrum zu verändern, auszutauschen, zu reinigen oder aufzulösen gibt. Machen Sie einen Hausputz wenn notwendig und gestalten diesen Raum genau so, wie er sich für Sie richtig, wohlig und warm anfühlt oder betrachten lässt. Hier sind Sie immerhin zu Hause.

Haben Sie erledigt, was es zu erledigen gab, oder sich einfach nur an Ihrer Kraft und Ihrem Wesen erfreut, sich selbst gesehen, dann verlassen Sie diesen stillen, nur Ihnen zugänglichen Bereich Ihres Seins auch wieder. Sie können jedoch zu jeder Zeit diesen Raum erneut betreten, denn hier finden Sie Ihr Wissen aus dem Herzen heraus. Hier finden Sie das Intuitive in Ihnen, das tiefe Vertrauen zu sich selbst, welches die meisten Wesen dieser Erde schon fast verloren haben. Im Außen lassen sie sich vorgaukeln, ein Anderer wisse besser, was für sie richtig und wichtig ist, dabei finden sie alle Antworten in sich, in ihrem sakralen Herzen – dem heiligen Raum in sich selbst. Doch Sie haben sich nun an diesen Raum erinnert. Vertrauen Sie sich, Sie sind es wert.

Und sicher haben Sie auch bemerkt, dass ich in dieser Übung, aber auch vorher schon, das Verbinden mit kosmischer und Erdenergie völlig außer Acht gelassen habe. Machen Sie sich bewusst, dass eben auch diese Energien letztendlich Fremdenergien sind, die nicht Ihrem wahren Wesen und Ihrer Energie entsprechen. Solange Sie aber den Kern Ihres Wesens, und damit Ihre eigene Energie, nicht kennen, halte ich es für gut und richtig, die heilenden Kräfte aus Mutter Erde und dem Kosmos durch sich fließen zu lassen. Haben Sie Ihre Energie erkannt, werden Sie dies vielleicht ändern und ausschließlich Ihre Kraft auf die Erde, hier in Ihren Körper bringen.

Der Kreislauf des Lebens

Cassiopeia, ich sprach ihren körperlichen Tod im Kapitel zuvor kurz an, ging es schon eine Zeitlang nicht mehr gut. Als Kaninchen hatte sie insgesamt vier Jahre gebraucht, mich in ihrer Nähe zu akzeptieren und sich dann sogar streicheln, ja kuscheln zu lassen. Es war nicht schlimm, dass es so lange gedauert hatte – Cassie und ich hatten ja Zeit. Zuerst lebte sie mit meinem Tiger zusammen als Mann und Frau. Selbstverständlich frei bei mir in der Wohnung – Sie erinnern sich, er war und ist ein Freiheitskämpfer. Als Tiger starb, kam Josephine in unser Leben. Sie unterrichtete Cassie im Kaninchen-sein. Aber zurück zu Cassiopeias körperlichen Unausgewogenheiten: Sie machte mir schon eine Weile Kummer. Ich fühlte in ihren Körper hinein und ging zu einem Tierarzt, dem ich die Symptome beschrieb. Zuerst trat Linderung ein, doch dann bewegte sie sich nicht mehr gerne, schlief viel und wollte am liebsten gar nichts mehr fressen. Ich fragte, was los sei, und ihre Antwort war folgende: *„Mir kann niemand mehr helfen. Das ist mein Weg, den muss ich alleine gehen.“* Ich brachte sie wieder zum Tierarzt. Sie sehen schon, damals war ich längst nicht so weit wie heute, habe keine Heilungen gemacht, an meine eigene Kraft nicht geglaubt und eigentlich nur mit Cassie reden können. Na, jedenfalls schleppte ich sie zwei Tage hintereinander zum Doc. Sonntags wurde es ganz schlimm, ihre Äuglein waren geweitet, das Mäulchen stand offen und die kleinen Nasenflügel bebten. Ich wollte sie sogleich zum Nottierarzt tragen, aber sie sagte *„NEIN“*. Ich erwiderte, dass er sie aber vielleicht einschläfern könne und sie dann nicht so lange leiden müsse. Ihre Antwort: *„Lass mich gehen.“* Als ich mit einem tiefen Atemzug ansetzen wollte, zu erklären, ich ließe sie ja gehen, hielt ich inne – nein, ich ließ sie nicht gehen. Ich wollte sie schließlich abermals zum Tierarzt tragen. Also beschloss ich, Cassie nicht mehr zu halten. Ihr Körper zeigte mir deutlich, dass meine Gegenwart nicht mehr erwünscht war. Auch das respektierte ich und verließ das Haus. Mein Verstand und mein Herz rangen miteinander. Wie konnte ich das kleine Wesen dort alleine lassen, ohne mich um es zu kümmern, in der Stunde, in der es wohl sterben würde??? Mein Herz sprach dagegen mit Nachdruck zu mir: „Es ist richtig, sie will es so und ihr Wunsch sei Dir Befehl." Als ich am Abend nach Hause kam, lag Cassiopeia tot im Flur. Genau so, wie ich es am Morgen bereits geistig gesehen hatte. Sie war noch ganz warm, die Äuglein ruhten friedlich. Da wusste ich, sie hatte ihren Körper gerade erst sterben lassen, wahrscheinlich sogar erst, als ich den Schlüssel unten in die Haustüre gesteckt hatte. Aber das wollte sie offensichtlich nicht mehr erleben, dass ich nach Hause kam und erneut die Möglichkeit gehabt hätte, nicht loszulassen – dieses wunderbare Wesen seinen Weg nicht gehen zu lassen. Ich verabschiedete mich von ihr, ließ sie gehen und trug den toten und gleichzeitig leeren Tierkörper zu Josephine, die sich auch noch verabschieden wollte. Am darauffolgenden Dienstag sprach ich erneut mit ihr:

Cassie, wo bist Du jetzt?

„Ich bin bei Gott."

War es richtig, was ich gemacht habe? Es war so schwer, Dich alleine zu lassen, und doch wolltest Du es so, oder?

„Es war goldrichtig, Du warst perfekt."

Cassie, soll Josephine jetzt alleine bleiben, oder soll eine neue Partnerschaft entstehen?

„Natürlich musst Du ein neues Kaninchen für sie finden. Sie kann nicht alleine bleiben."

Aber wo soll ich denn jetzt das richtige Kaninchen finden, was zu uns passt?

„Im Heim. Du wirst es dort finden, wo Du es suchst."

Mit dieser Aussage konnte ich abgeben. Ich wusste, ich würde genau dorthin geführt werden, wo ich den richtigen Partner für

Josephine finden würde. Ihr Partner ist heute Gulliver, dessen Wesen Jahre zuvor mit Cassiopeia als Tiger gelebt hatte, Sie erinnern sich. Cassie hingegen war nun auf einer anderen, feinstofflichen Ebene angelangt, sie hatte für sich die nächste Energieebene betreten können und wirkt nun wieder als Engelenergie ohne physischen Körper. Mein Dazutun und erster spiritueller Lernprozess, das Thema Sterben betreffend, war das Loslassen. Denn wissen Sie, wenn wir allzu lange durch den Tod eines unserer Tiergefährten leiden, kann oft auch dieser in seiner Seele nicht zur Ruhe kommen. Oder aber er kann nicht einmal sterben, weil der Mensch am Körper festhält, weil er diese, seine Form des Lebens und Helfens als die beste und einzig wahre ansieht.

Dass dem nicht so ist, lehrte mich auch ein kleiner Spatz, der mir eines Abends in Hale Bobs ehemaliger Box in die Hände fiel. Er hatte einen gequetschten Fuß und auch der Flügel tat nicht mehr seinen Dienst. Ich nahm ihn mit nach Hause, offenbarte ihm, dass er sich keine Sorgen machen brauche und ich ihn morgen zum Tierarzt trüge. Nur gefragt, ob er das überhaupt möchte, hatte ich nicht. Die Retourkutsche sollte ich am nächsten Tag erhalten ... Die Tierärztin wollte ihn morgens gleich einschläfern, hatte er doch mit einem gebrochenen Flügel und dem gequetschten Fuß draußen keinerlei Überlebenschancen. Ich nahm ihn unverrichteter Dinge wieder mit. Einschläfern, das kam gar nicht in Frage – vielleicht war die Zeit seines Erdenabschieds einfach noch nicht erreicht. In meiner Wohnung angekommen, versprach ich ihm, am Abend ausführlich mit ihm zu sprechen, und ich erlebte mein blaues Wunder. Dieser kleine Spatz beschimpfte mich derart, weil ich ihn aus seiner natürlichen Umgebung gerissen hatte, dass ich völlig verwirrt vor ihm saß. Er machte mir klar, dass es trotz meiner beredten Art, ihn hier zu halten und in Gefangenschaft gesund zu pflegen, allemal besser sei, frei zu sterben und sein Leben gelebt zu haben. Nichts konnte ihn davon überzeugen, bei mir zu bleiben. Er wollte zurück in seine Scheune, zu seinen Freunden, egal, ob da eine Katze auf ihn wartete oder nicht. Er wollte frei sein. Unter Tränen brachte ich ihn zurück, versteckte ihn in einer Ecke des Stalls und bat Ginie, die Hofkatze, ihn wenigstens noch ein paar Tage zu verschonen. Sie hielt ihr Versprechen. Zwei Tage fand ich ihn morgens wie abends lebendig auf dem Boden hüpfend, und am dritten Morgen kam mir Ginie entgegen, sprach mich unvermittelt an und sagte: *„Es ging ganz schnell, ein Biss."* Ich suchte ihn vergebens, er war verschwunden ...

Dieses Erlebnis prägte mich stark, und obwohl ich immer schon soweit wie möglich versuchte, mit den Tieren zu gehen, erweiterte sich meine Sichtweise nun um ein Vielfaches. Auch meiner Schülerin Carolin sollte so ein Wachstumsprozess beschert werden: Der Familienkater Tommy ließ sie in den letzten Tagen seines Erdendaseins spüren: „Alles ist möglich, wenn Du nur willst." Carolin holte Tommy gegen den Willen der Familie und Ärzte aus der Tierklinik. Um nichts auf der Welt wollte er in diesen Mauern enden. Der Abschied voneinander kam fünf Tage, nachdem Tommy die Klinik verlassen hatte. Am letzten seiner Tage sprach ich mit seinen Engeln:

Darf ich Euch fragen, wie es Tommy geht?

„Wir haben losgelassen, Anja, er wird bald gehen."

Was können wir noch für ihn tun?

„Es liegt nicht in Deiner Macht, irgend etwas für ihn zu tun. Wir stehen an seiner Seite und empfangen ihn im Jenseits."

Habt Ihr vielleicht ein paar tröstende Worte für Carolin? Sie weint, es ist sehr schwer für sie.

„Es ist der Weg eines Königs, den er geht. Ein Leben ist nicht wie das andere. Es ist das Ziel zu wachsen. Sein Prozess ist abgeschlossen, er wird aufsteigen in den Himmel. Dieses Kind soll ihre Trauer nicht verbergen. Sie wird wachsen daran. Es ist das Ziel eines jeden zu wachsen. Unser Wachstum beschert uns Schmerz, der sich wandelt in Licht. Der Weg ist bald geschafft. Dann kann sie aufatmen in dem Licht, in dem sie erstrahlt."

Darf ich auch mit Tommy sprechen?

„Tommy ist nicht mehr im Körper. Sein Weg ist beschrieben, seine Aussagen gemacht."

Wenn er nicht mehr im Körper ist, dann möchte ich wissen, ob er immer noch von alleine sterben möchte.

„Es ist nicht mehr wichtig, Anja, der Lernprozess ist abgeschlossen. Sie wird ihm die letzte Ehre erweisen auf seinem Weg. Sie wird ihn beerdigen."

Ist es also möglich, dass Carolin den Körper einschläfern lässt?

„Es ist nicht mehr wichtig, was jetzt passiert. Sie darf frei entscheiden."

Ist das wirklich wahr?

„Zweifelst Du unsere Worte an, die Worte aus dem Herzen Gottes? Lasst ihn in Frieden gehen."

Nein, ich zweifle nicht, aber eine Frage habe ich noch: Ist es wichtig, dass wir einen Tierarzt finden, der ihn zu Hause einschläfert? Es wäre doch schade, wenn er durch das Einschläfern in fremden Räumen, in denen vielleicht viele Wesen aus Tierkörpern in Zwischenwelten hängen, den Weg nicht findet.

„Die Seele hat den Körper bereits verlassen. Es ist nur noch der Körper, der dann stirbt. Wir stehen an seiner Seite, er wird den Weg nicht verfehlen. Ja, Anja, tut Eure Pflicht und erlöst ihn."

Tommy hat seinen Weg mit den Engeln genommen, aber nicht immer nutzt ein Wesen diese göttliche Hilfe als Weisung. Manche verirren sich einfach auf dem Weg ins Licht. Ich komme nun noch einmal zu den Wesen, die ich in einer Übung im Kapitel *„Heilung kraft unseres Geistes"* ansprach. Sie befinden sich in einer Zwischenwelt, leben nicht mehr in physischen Körpern und haben die nächste Ebene nicht betreten, weil sie vielleicht nicht wollten oder aber gar nicht wissen, dass ihr Körper verstorben ist. Der Astralkörper verbleibt in so einem Fall auf der Erde, beziehungsweise irrt in Zwischenwelten, kommt der physische Körper plötzlich und unerwartet zu Tode. Möglicherweise durch einen Unfall. Hellsichtige Menschen können diesen Körper wahrnehmen.

Judith rief mich eines Sonntags an. Einer ihrer drei Hunde war von nächtlichen Streifzügen durch den Wald nicht heimgekehrt. Ich nahm Kontakt auf und sah Paula gebeugt über ihrem Körper sitzend. Ich fragte, ob sie tot sei, und sie antwortete, sie säße neben sich. Ich fragte weiter, ob es ein schmerzvoller Tod gewesen sei, denn ich wusste mittlerweile von ihr, dass sie von Jägern erschossen worden war. Sie sagte, sie habe sofort neben sich gestanden. Die Sache war klar. Sie saß vor ihrem Körper, wusste, dass sie erschossen worden war, aber nicht, dass sie tot war. Der Schuss, der Tod, hatte sie so schnell aus ihrem Körper gerissen, dass Paula es nicht bemerkt hatte. Ich erklärte ihr, sie brauche den Körper nun nicht mehr, er lebe nicht mehr und sie solle ihn da im Wald lassen. Ich forderte sie auf, sich auf den Weg zu machen. Ich fragte sie, was sie am liebsten als Nächstes tun würde, und sie antwortete, sie wolle nach Hause kommen. „Lauf los, Paula, lass den Körper liegen und komm' nach Hause", rief ich und sah, wie sie tatsächlich ihren physischen Körper liegen ließ und aus dem Wald nach Hause rannte. Geistig sah ich, wie sie zwischen den Menschen, die sie nicht sahen, am Stall hin- und herlief. Ich machte ihr klar, dass sie sich nun verabschieden müsse, um einen neuen Weg zu beschreiten, ins Licht zu gehen.

Sie sagte: *„Aber ich bin doch schon zu Hause, ich möchte hier bleiben. Wo soll ich denn jetzt noch hin?"*

Ich erklärte, dass sie mit den Engeln gehen solle, dass sie den Weg ins Licht nehmen solle, um die nächste Energieebene für sich betreten zu können. Ihre Antwort war kläglich:

„Muss ich mich da fürchten?"

Oh, nein Paula, nein, da musst Du Dich nicht fürchten.

„Ich werde es mir mal ansehen".

Es dauerte eine Nacht und einen Tag, dann sah ich Paula in goldenes Licht gehüllt. Sie war sich ihrer Situation, ihres Todes und des Verlustes ihres irdischen Körpers bewusst, und wenige Stunden später hatte sie die Zwischenwelt ganz verlassen. Wenn es Ihnen passiert, dass Sie mit so einem Wesen in Kontakt kommen, welches nichts von seinem physischen Tod mitbekommen hat, dann klären Sie es auf. Machen Sie ihm den nächsten Schritt bewusst. Fragen Sie dieses Wesen, wie der nächste Schritt für es aussehen könnte. So können Sie ihm den Weg ins Licht ebnen. Das Wesen ins Licht heben, können Sie nicht. Das ist eine Gnade, die nach meinem Empfinden der göttlichen Quelle vorbehalten ist. Aber Sie können das in Ihrer Macht Stehende tun, um den Bewusstwerdungsprozess in Gang zu setzen. Kommunizieren Sie beispielsweise mit den Wesen aus Tierkörpern, die von einem Auto erfasst getötet auf der Straße liegen. Eröffnen Sie ihnen den nächsten Schritt. So helfen Sie, sie zu erlösen. Und bitten Sie die göttliche Quelle, das Wesen zu sich zu nehmen.

Ich fand einen stattlichen Igelherren auf der Straße, und nachdem ich schon einmal an ihm vorbeigefahren war und mir irgend etwas bedeutete, ich solle mich näher mit ihm beschäftigen, hielt ich an. Er war nicht außerhalb seines Körpers zu finden, das hatte ich bei unserer ersten Begegnung schon festgestellt, aber – ich weiß nicht, ich hielt jedenfalls an. Er lebte, er hatte ein schlimmes Trauma erlitten, lag fast reglos auf der Straße und erhielt sofort Rescuetropfen von mir. Auch der Tierarzt stellte eine halbe Stunde später fest, dass Mekki – so nannte ich ihn – außer einer aufgeschrammten Lippe und einem gesplitterten Zahn nicht viel fehlte. Keine Brüche, keine inneren Verletzungen waren feststellbar. Doch sein Trauma war lebensbedrohlich. Mekki erhielt eine Kochsalzlösung unter die Haut gespritzt und ein Medikament, das seinen Zustand verbessern sollte. Ich nahm ihn mit heim, versorgte ihn mit Wasser aus einer Spritze und ließ ihn ruhen. Wenige Stunden später veränderte sich mein Gefühl für ihn. Er ließ mich spüren, dass er nicht länger bleiben wollte. Also setzte ich mich hin und sprach mit ihm. Er war ein sehr selbstbewusstes Wesen und sagte sogleich, ich solle ihn nun zum Tierarzt bringen, um ihn einschläfern zu lassen. Ich bat ihn einen Moment um Geduld. Ich wollte diese Frage zuerst mit seinen Engeln klären. Und dann sah ich wirklich etwas sehr Zauberhaftes: Mekkis Geistwesen stand vor mir, mit verschränkten Armen und Stiefelchen an den Füßen. Er lief auf und ab, auf und ab und machte deutlich, dass es ihm zu lange dauerte und eigentlich überflüssig war, was ich da tat. Doch überflüssig war das Gespräch mit seinen Engeln für mich nicht. In der Tat baten sie mich, den Körper sterben zu lassen, aber es sei sehr wichtig gewesen, dass ich ihn gefunden hätte, ansonsten wäre sein Tod sehr leidvoll gewesen. Ich fragte also, was ich noch für ihn tun könne, und sie sagten: „*Weise ihm den Weg.*" Ich sprach Mekki wieder an, der immer noch wie ein Gardeoffizier vor mir auf und ab lief. Ich fragte ihn, ob dieser Unfall geplant gewesen sei, und er verneinte auf das heftigste. Er müsse sich nun in dieses Konzept einfügen, war seine Antwort, und ich wollte weiter wissen, was er denn am liebsten noch getan hätte, wenn dieser Autounfall nicht passiert wäre. Ich sah ihn eine saftige Frucht futtern und bat ihn sogleich, eben dies auf geistiger Ebene zu tun, diese Frucht noch zu genießen. Im nächsten Moment stieg eine weiße Taube vor mir in den Himmel – immer noch geistig, in der Kommunikation mit Mekki. Sein Wesen hatte den inneren Frieden und die Einheit mit dem Göttlichen gefunden. Es war aufgestiegen. Das wusste ich in eben diesem Moment, denn sein Astralkörper als Igel war verschwunden. Ich bedankte mich bei den Engeln des blauen Strahls für ihren Schutz und stand auf, um den Igelkörper erneut zum Tierarzt zu bringen. Doch Mekki war eben während unserer Kommunikation gestorben. Das war es also, was er gebraucht hatte. Es war die Hilfe loszulassen, um den Weg zu finden. Ich trug den leeren Körper in die Wiese und legte ihn unter einen Baum. Für mich war dieses Ereignis ein ganz wundervolles, das zauberhafteste, das ich an diesem Tag erlebt habe.

Und wenn auch Sie nun langsam beginnen, den Wesen in Zwischenwelten den Weg ins Licht zu weisen, so können Sie sich im gleichen Tonus auch einer möglichen Sterbebegleitung auf geistiger Ebene öffnen. Meine Lektion zu diesem Thema erhielt ich von dem mit Nora lebenden Wallach namens Silvester. Er lag eines Morgens auf dem Auslauf und stand nicht mehr auf. Zufällig kam ich gerade im Offenstall an, um Hale Bob allmorgendlich zu begrüßen – doch Sie wissen, es gibt keine Zufälle im gebräuchlichen Sinne. Es war mir aber sehr wohl zugefallen, hier zu helfen. Ich sprach kurz mit Silvester, fand heraus, dass er starke Schmerzen hatte, sterben wollte, aber nicht wusste, wie er seinen Körper verlassen konnte. Nun stand auch ich ratlos vor ihm, denn mir war noch nicht bewusst, wie man den Körper verlässt, um zu sterben. Ich wollte mich in aller Stille noch einmal mit ihm treffen. Bevor ich aber am nächsten Tag noch einmal mit ihm kommunizierte, sprach ich wie immer mit seinen Engeln und Geistführern. Sie sprachen:

„Es ist gut, dass Du kommst. Es ist Zeit, Du musst ihm eine Lehre erteilen."

Aber wie soll ich das tun?

„Führe ihn auf Deinen Spuren hinaus ins Universum."

Ich antwortete, dass ich aber nicht wisse, wie.

„Dann wartest Du, bis es in Dich eingedrungen ist, das Wissen des Allmächtigen."

Dann wandte ich mich an Silvester.

Silvester, ich bin's wieder, Anja. Wollen wir noch einmal miteinander sprechen?

„Du bist wieder da. Ich danke Dir für Dein Erscheinen."

Wie geht es Dir heute?

„Ich fühle nichts, aber ich weiß, dass es das Mittel ist, das Ihr mir gegeben habt."

Ist es wirklich an der Zeit, für Dich zu gehen? Habe ich das richtig wahrgenommen?

„Ja, die Zeit ist gekommen, um zu gehen."

Und Du weißt nicht, wie Du den Körper verlassen kannst?

„Das ist richtig, ich habe nicht die geringste Ahnung, wie ich diesen Weg zu gehen habe."

Willst Du denn lernen, wie es geht, und so lange noch bleiben?

„Es ist das, was meine Engel für mich vorgesehen haben. Ich werde demütig alle Qualen ertragen, um meinen Weg zu Ende zu gehen."

Silvester, auch ich muss erst lernen, wie es geht, den Körper zu verlassen. Wollen wir gemeinsam lernen?

„Es ist der Weg, der mir bestimmt ist. Ich gehe an Deiner Seite in den Tod."

Hast Du gestern mit Gerry sprechen können?

„Der Kontakt war da, aber sie durfte mir nichts sagen. Es ist ein Prozess des Lernens, den ich gehen muss, um zu erwachen."

Hast Du denn gestern versucht, den Körper zu verlassen oder Infos herauszunehmen?

„Ich habe den Kontakt zu meinen Engeln gesucht. Sie haben mir gesagt, was sie Dir gesagt haben. Wir gehen zusammen."

Möchtest Du Nora noch etwas sagen?

„Dieses Kind ist ein wahres Wunderwerk der Schöpfung. Ich werde ihr treu ergeben sein, weit über mein irdisches Leben hinaus. Es ist ein schwerer Weg, ihn so zu gehen, aber es ist ein Weg, der mich an mein Ziel bringt. Sie wird wachsen in den Himmel und Früchte treiben. Es wird eine Freude, sie zu begleiten. Ein Leben mit ihr war ein gutes Leben."

Wie ist es, möchtest Du, solange Du noch hier bist, das Medikament von gestern weiter bekommen?

„Das wäre freundlich von Euch. So kann ich mich auf meine Aufgabe konzentrieren und meinen Körper einfach nur sein lassen. Das wäre eine große Geste von Euch."

Silvester, ich habe ein bisschen Schwierigkeiten damit, dass Du sagst, Du kennst nicht den Weg. Ich denke vielmehr, dass ich hier etwas lernen soll und nicht Du.

„Es wird eine Freude sein zu sehen, wie Du wächst. Ich erlebe mein eigenes Wachstum, ohne mich davor fürchten zu müssen. Das wird eine große Freude sein."

Gut, wir wissen nun beide, woran wir sind. Kannst Du mir sagen, wie es geht, seinen Körper zu verlassen und seine Informationen aus ihm zu nehmen?

„Das ist ein Prozess, der sehr individuell und schwierig sein kann. Du musst Kontakt zu Deiner Seele aufnehmen, um zu gehen."

Wie macht man das?

„Durch Meditation, durch Stille und Meditation."

Dann werden wir gemeinsam meditieren und den Weg gehen.

„Ja, Du wirst ihn mit mir gemeinsam beschreiten, den Weg der endlosen Wiederkehr. Wir wissen nun beide, woran wir sind, und wollen beginnen, zu arbeiten."

Nach diesem Gespräch mit Silvester glaubte ich noch fest, es gehe hier ausschließlich darum, ihm den körperlichen Tod durch geistige Heilwerdung zu ermöglichen. Mein Wissen erweiterte sich nach den gemeinsamen Meditationen. Es ging um die Vereinigung, das Ankommen bei sich selbst in der Vollkommenheit der Seele. Und ich hätte dieses Erlebnis auch ein Kapitel zuvor, unter *„Erlösung und Vollendung – Prozesse des Bewusstwerdens"* aufführen können, doch weiß ich aus weiteren Erfahrungen, dass dieser Weg auch die aktive Sterbebegleitung sein kann. Angekommen an diesem Punkt, ist ein Wesen dann frei für jeden weiteren Schritt.

Doch zurück zum Gespräch: Eine Sterbebegleitung, wie Silvester sie mich lehren wollte, warf in mir erst einmal die Frage auf, wie wir gemeinsam meditieren konnten, und außerdem machte sich ein schlechtes Gewissen in mir breit. Nur weil ich noch nicht wusste, wie man bewusst Kontakt zu seinem höheren Wesen aufnahm, um zu sterben, sollte Silvester noch leiden, die Schmerzen seines Körpers ertragen? Das fühlte sich im ersten Moment nicht gut an, aber etwas später wusste ich, es war auch sein Wachstum, was hier noch fehlte. Gut, wir würden zusammen gehen. Ich brauchte einige Wochen, dann war mir klar, wir mussten nicht in unseren physischen Körpern miteinander meditieren. Es reichte, wenn ich geistig zu Silvester ging, unsere Schwingungen einander berührten und ich mich in tiefer Meditation mit ihm verband. Um es in diesem Fall allen Beteiligten so leicht wie möglich zu machen, bat ich Nora, mit mir gemeinsam zu arbeiten. Wir setzten uns hin und fanden den Weg zu Silvesters Wesen. Insgesamt waren es drei Sitzungen, die wir brauchten, bis Silvester den Weg ins Licht, den Weg in seine vollkommene Seele gefunden hatte.

Nora und ich erlebten das Gleiche: In unseren höheren und damit geistigen Körpern standen wir bei ihm, berührten ihn mit unseren Händen und ließen eine erhöhte Schwingung in ihn fließen. Diese Energie ließ einen Teil seines Wesens langsam lichter werden. Gleich kamen Engel zu Hilfe, sie reinigten seine Körper und erfüllten sie mit lichter Kraft. Einige dieser Körper stiegen langsam auf, doch ein anderer Teil seines Wesens stand noch auf der Koppel. In der zweiten Meditation ging es wesentlich zügiger voran, und während wir mit Silvester arbeiteten, trat eine Meisterin des rosafarbenen Strahls an unsere Seite, um in bedingungsloser Liebe zur Tat zu schreiten. Sie trieb die Vereinigung voran. Der Himmel tat sich auf – schnell, tosend – und ein gleißender Lichtstrahl wies Silvester den Weg. Der Teil seines Wesens, der bereits die lichten Reiche erreicht hatte, begann auf den Wolken zu tanzen, machte sich auf den Weg zu einem Regenbogen, begleitet von Nora. Und auch die noch auf der Erde verbliebenen Wesensanteile oder Körper, die Sie als Aura kennen, stiegen nun langsam in einer einzigen Form auf. Nach der Meditation fragte ich ihn, wie diese Sitzungen für ihn seien. *„Das ist der Weg, um zu erlösen, der Weg, EINS zu werden mit dem eigenen Sein. Der Weg, aufzusteigen und zu erstrahlen im göttlichen Licht."*

In der letzten unserer meditativen Zusammenkünfte ging es abermals um ein Vielfaches schneller als in den vorherigen. Übrigens lagen jeweils drei Tage dazwischen. Silvesters ganzes Wesen nahm den Weg ins Licht, wir konnten ihn auf der Koppel nicht mehr sehen, und obwohl wir daheim auf unseren Stühlen saßen, hörten wir seine Partnerin laut und kläglich nach ihm rufen. Wir wussten, das war es, was wir lernen sollten. Den bedingungslos liebenden Wesen dieser Erde, den Tieren, den Weg in ihr vollkommenes Bewusstsein zu ebnen auf eine sanfte Art und Weise, in Stille und Liebe. Silvester schritt bei diesem Zusammentreffen ganz über den Regenbogen in die Vollkommenheit seiner Seele. In unserer gemeinsamen Arbeit tat er den Schritt in die Meisterschaft auf Erden und lebt sie nun im HIER und JETZT. Denn sterben ließ er den Pferdekörper zu diesem Zeitpunkt nicht. Gestorben ist der Mangel in seinem Sein. Silvesters Wille ist nun frei und ausgerichtet nach dem Licht. Für ihn gibt es nichts mehr zu tun, außer zu sein. Und Nora weiß nun, wo er sich weiter als Wesen aufhalten wird, wenn später, zu gegebener Zeit, der physische Körper stirbt. Sein Wachstumsprozess wurde mit unserer Lerneinheit beendet – uns war es von ihm gegeben, auch andere Wesen zu geleiten. Ihnen den Weg zu zeigen, in die Vollkommenheit ihrer Seelen, ins vollkommene Bewusstsein und damit möglicherweise auch in den körperlichen Tod. Danke, Silvester.

Geraldine, der Mutter von Estelle, brauchte niemand den Weg zu weisen. Sie kannte ihr Ziel und wollte mit 23 Jahren vom Tierarzt getötet werden. Mit ihr sprach ich lange über den Prozess des Sterbens, auch wenn sie eigentlich genau wusste, was zu tun war. *„Mach Dir keine Sorgen"*, sagte sie, *„ich werde den Körper bereits verlassen haben, wenn Ihr kommt, und alle meine Informationen auch an die Gruppenseele weitergeben. Es sind doch noch gute Informationen geworden, die ich sende."* Es schien, als sei Gerry – so nannten wir sie kurz – selbst überrascht, dass die Informationen, die sie an die Gruppenseele weitergeben würde, gute Infos waren. Ihr Leben war nicht immer leicht gewesen, das sah man schon ihrem Körper an, aber die Jahre bei Cornelia hatten sie wieder versöhnt.

Worauf ich aber hinaus möchte, ist das Thema *Gruppenseele*. Für jede Tierart, aber auch für alle menschlichen Völker gibt es eine Seele, ein geistiges Wesen, welches das intuitive Wissen der ganzen Art oder Gruppe hütet und weiterleitet. Telepathisch, versteht sich. Jedes Wesen, jedes Tier und jeder Mensch dieser Art empfängt notwendiges Wissen von dieser einen Gruppenseele. Die Zugvögel erhalten beispielsweise ihre Ruten in den Süden über diesen Kontakt. Sie wissen die Flughöhe und die genauen Koordinaten ihres Ziels aus dieser Quelle. Bären suchen sich ein Quartier für den Winter, wenn die Gruppenseele diese Angaben weiterleitet. Aber bitte erliegen Sie nicht dem Irrglauben, dass Tierseelen alle in eine Gruppenseele gehen, wenn die Körper sterben. Es sind lediglich die Informationen aus dem gelebten Tierleben, die für die Gruppe, die Art und deren Evolution wichtig sind. Jeder macht in seinem Leben neue Erfahrungen, und über diese Gruppenseele, dieses eine Wesen, werden sie der ganzen Art zugänglich gemacht. Jedes Wesen in einem Tierkörper hat für sich, genau wie wir Menschen auch, einen eigenen Seelenplan, begibt sich auf eine höhere Energieebene, inkarniert erneut oder nimmt einen Auftrag auf anderer Ebene, vielleicht in einer anderen Galaxie, an.

Und wie Sie aus den eben gelesenen Kommunikationen erfahren haben, ist es manchmal gar nicht so leicht, seinen Körper sterben zu lassen. Gerry hatte sich für den Tod durch die Spritze entschieden, andere Wesen gehen andere Wege. Ich sprach mit Aysha, einer Terrierhündin, und eigentlich dachte ich nicht, dass unser Gespräch sich um den körperlichen Tod drehen würde. Sie hatte nur kleinere Unausgewogenheiten ...

Aysha, was geschieht mit Deinem Körper, wenn er diese möglicherweise epileptischen Anfälle hat?

„Dann will der Körper frei sein und gehen."

Die Erde verlassen?

„Ja, warum denn nicht?"

Naja, weil Du noch jung bist und Gina, Michael sowie die Kinder Dich sehr lieben.

„Ich habe meinen Dienst getan, sie brauchen mich nicht mehr an ihrer Seite."

Was war denn Dein Dienst?

„In die Welt zu geben, was in die Welt gehörte. Das Leben, ich habe ihr zweimal Leben geschenkt, jetzt kann ich gehen."

Meinst Du mit den beiden Leben die Kinder?

„Ja, und auch mich selbst."

Ja, Du hast schon früher in einem anderen Körper mit Gina gelebt, ich erinnere mich. Hast Du die Kinder als Wesen auf die Erde geholt?

„Was hätte ich denn sonst tun sollen, das war doch mein Auftrag in meinem Leben. Ich kann nicht länger bei ihr bleiben, mein Herz möchte gehen."

Was soll Gina jetzt machen?

„Mich gehen lassen, ganz im Stillen."

Wie stellst Du Dir das vor?

„Wie soll ich mir das vorstellen? Eines Tages werd' ich einfach weg sein. Ich werde sie führen, sie darf meiner Führung immer vertrauen.

Aber jetzt gibt es nichts mehr zu tun. Es gibt nur, abzuwarten und mit der Zeit zu gehen."

Soll sie die Anfälle noch untersuchen lassen?

„Nein, wozu soll das gut sein? Macht es nicht noch schlimmer, als es ist. Es ist verdammt schwer, einen Körper sterben zu lassen, der eigentlich noch intakt ist. Ich bitte sie, mich nicht zu quälen, mich einfach nur zu lassen. Das ist Frei-sein."

Glaubst Du nicht, dass es eine zu große Aufgabe für Gina ist, die Du ihr da aufträgst?

„An seiner Kraft muss man wachsen, das ist alles, was ich sie lehren kann."

Wurdest Du wegen Deines Plans auch von dem anderen Hund gebissen?

„Es war ein Auftrag."

Kannst Du mir eine Jahreszahl nennen, in der Du gehen wirst?

Ich sehe die Zahl 2006, bis dahin sind es noch drei Jahre.

Möchtest Du Gina noch etwas sagen, Aysha?

„Es ist mir wichtig, sie auf alle Kriterien des Lebens vorzubereiten, auch auf den Tod. Deshalb werde ich sie lehren, mit dem Leben zu gehen. Es wird Zeit brauchen, bis der Körper sterben kann. Ich werde mir diese Zeit nehmen und dann in Ruhe gehen. Ich werde Eins sein mit dem Universum, ich werde frei sein. Gina soll den Weg der Tierkommunikatorin nehmen, das ist ihr Ziel, in der göttlichen Einheit zu erwachen. Sie wird wissen, was ich meine, wenn sie angekommen ist. Ja, ich werde sie führen ins Himmelreich. Ich werde an ihrer Seite sein, mit den kosmischen Kräften Hand in Hand arbeiten und sie befreien. Sie wird rein sein."

Sie soll tatsächlich Tierkommunikatorin werden, ja?

„Ja, das ist ihr Auftrag. Die Kraft der Tiere auf die Erde zu bringen, das kann eine schöne Aufgabe sein, findest Du nicht? Sie wird rein sein."

Es ist die schönste Berufung, die ich mir vorstellen kann, danke, Aysha. Ich frage Dich zum Abschluss, die Kommunikation gerade, entspricht sie der göttlichen Wahrheit und wird sie getragen vom *Schwert der klaren Unterscheidung*?

„Ja, das ist sie."

Du wirst also tatsächlich diesen Körper sterben lassen wollen?

„Ich brauche ihn nicht mehr, Anja, ich brauche ihn wirklich nicht mehr."

Wenn ein anderes Wesen alle seine Aufgaben erfüllt hat, den Plan, mit dem es in diesem Leben antrat, vollendet hat, dann hat es auch etwas mit Respekt und Achtung zu tun, es seinen Weg gehen zu lassen. Kein Mensch sollte mit seiner überdimensionalen Fürsorge oder aber Trauer derjenige sein, der dieses Wesen am Wachstum, am Neubeginn hindert. Und doch sollte der Mensch auch nicht derjenige sein, der einen Lebensprozess vorzeitig und ohne Einwilligung des betroffenen Wesens beendet. Es mag für das Tier wichtig sein, den eigenen Weg bis zum Ende zu gehen, möglicherweise sein Karma noch durchzuarbeiten und dann das Leben zu verlassen – auf seine persönliche Weise.

Ich sah vor einer Weile eine Dokumentation, in der die Menschen noch im Einklang mit Natur und Tieren lebten, im tiefen Respekt vor der Schöpfung. Ein Tier aus einer Herde von Yacks litt an einer Krankheit und wurde zu einem Heiler gebracht. Dieser stellt fest, für eine Operation war es zu spät. Das Tier würde sterben. Dem Kameramann erklärte er nun, er würde das Tier bei sich behalten und sein Fleisch nutzen, sobald es gestorben sei. Töten würde er es nicht. Es würde ja sowieso sterben. Also warum ihm noch mehr Schmerzen zufügen? Ich war zutiefst gerührt und hatte Ehrfurcht vor so viel Achtung dem Leben gegenüber. Ja, dieser Heiler hat recht. Nach all' meinen Erlebnissen und Kommunikationen um den physischen Tod habe auch ich diese Lebensphilosophie entwickelt und frage mich nach wie vor, mit welchem Recht sich der zivilisierte Mensch herausnimmt, über Leben und Tod zu entscheiden? Mit welchem Recht fügt er anderen Wesen dieser Erde Schmerzen zu? Der Mensch darf wieder lernen, mit dem zu gehen, was ist. Sein zu lassen aus Liebe.

Praxis

1. Meditation mit dem Wesen eines Tieres

Richten Sie sich in die vier Himmelsrichtungen aus. Ich merke, das habe ich im Buch viel zu selten erwähnt. Dann lassen Sie Ihren Schutzkreis entstehen, erden sich und sprechen die *„Bitte an die Tiere“* aus, diktiert von Paul, dem Venezianer. Es zeugt von Respekt, dies zu tun. Nun begeben Sie sich wieder in eine bequeme liegende oder sitzende Haltung. Ich selbst wähle bei Meditationen und Kommunikationen meist eine sitzende, denn ich schreibe Erlebtes gleich auf und erliege so nicht dem Prozess des Vergessens. Möglicherweise möchten Sie das auch machen.

Reinigen Sie sich mit der violetten Flamme, dem Wasserfall oder mit der Technik, die Sie sich geschaffen haben. Schön ist es, während der Meditation selbst in einer erhöhten Schwingung zu sein. Gehen Sie nun genau vor wie in einer Kommunikation. Bitten Sie die Engel und Geistführer des Tieres um die Erlaubnis des Kontakts und rufen Sie das Wesen des Tieres zu sich in die 8. Legen Sie nun das gemeinsame Thema der Meditation fest. Was wollen Sie erreichen? Dann nehmen Sie Ihre Hände und lassen die kosmische Energie durch Ihre Handchakren in das Wesen des Tieres fließen. Achten Sie darauf, dass Sie die Energie nicht durch Ihren ganzen

Körper fließen lassen. Es reicht völlig aus, sie über den begrenzten Teil der Handchakren aus dem Kosmos zu holen und durch diese weiter zu geben. Alles andere sind veraltete Systeme und dienen dem Wesen nicht, da die kosmische Energie mit Ihrer eigenen zu sehr vermischt wird. Auch sollten Sie darauf achten, wirklich kosmische Energie zu nutzen, da Sie möglicherweise sonst mit Ihrer Kraft arbeiten könnten. Sie gäben sie an das andere Wesen ab, würden sich selbst schwächen, aber nicht helfen. Mit Ihrer Energie kann Ihr Gegenüber nichts anfangen, sie würde es ungewollt verändern.

Fließen die kosmischen Energien, gehen Sie selbst in die Meditation. Werden Sie ganz ruhig, tun und denken Sie gar nichts mehr. Sie werden erleben, dass sich die geistigen Reiche öffnen, und genau das, was für die gemeinsame Meditation notwendig ist, geschehen wird. Sein Sie lediglich Beobachter, Sie sind beteiligt mit Ihrer Energie, agieren aber nicht. Haben Sie den Eindruck oder werden Sie darüber informiert, dass alle Prozesse in dieser Meditation abgeschlossen sind, so lösen Sie die Verbindung zwischen sich und dem Wesen des Tieres wieder auf. Trennen Sie die 8, reinigen Sie sich und speziell Ihre Handchakren, damit mögliche Fremdenergien den Körper wieder verlassen, und kehren Sie nach Auflösung des Schutzkreises in Ihr tägliches Leben zurück.

2. Der Brief an den Tiergefährten

Ist es offensichtlich, dass Sie ein Tiergefährte verlassen wird, können Sie ihm den Weg von sich aus ebnen, indem Sie ihm sagen, dass er gehen darf. Sie dürfen lernen, nicht länger an der physischen Form des Körpers festzuhalten und das Tier frei zu geben, damit es seinen Weg und damit die nächste Energieebene betreten kann. Verabschieden Sie sich und geben den Tiergefährten frei, das ist der erste Schritt. Manchmal ist das aber nicht genug: Möglicherweise halten Sie unterbewusst noch sehr fest. Das Tier gestattet sich selbst in diesem Fall nicht zu gehen, da Sie als Menschenfreund ja leiden würden.

Deshalb rate ich Ihnen, sich hinzusetzen, Briefpapier und Stift zur Hand zu nehmen und Ihrem Tiergefährten einen Brief zu schreiben. In diesem Brief, der ganz offiziell mit Anrede an das Tier, Datum, Uhrzeit und zum Ende mit Ihrer Unterschrift versehen wird, schreiben Sie alles auf, was Sie bewegt. Welche wundervollen Erlebnisse haben Sie mit dem Tiergefährten erlebt und wofür möchten Sie sich von Herzen bedanken? Schreiben Sie aber auch auf, was nicht so gut in der Beziehung zwischen Ihnen und dem Tier funktioniert hat. Vielleicht gab es da ein paar Streitfaktoren, schreiben Sie sie auf, sagen Sie dem Tier, dass Sie das nicht witzig fanden.

Wenn der Brief von Ihnen unterschrieben wurde, nehmen Sie ihn und verbrennen ihn über einer Flamme. Das kann eine Kerze sein. Durch das Verbrennen wird die Energie, die Sie in diesen Brief hineingegeben haben – wie schon in einer anderen Übung erwähnt –, in eine höhere Schwingung transformiert. Die Asche des Briefes tragen Sie dann an ein fließendes Gewässer und werfen sie hinein. Sagen Sie Ihrem Tiergefährten in diesem Moment ganz deutlich, dass Sie ihn ins Licht gehen lassen. Er darf gehen. Das Gewässer hilft Ihnen, die eigenen Gefühlsüberflutungen und depressiven Stimmungen abzubauen. So erfährt die Beziehung zwischen Ihnen und Ihrem Tiergefährten heilende Klänge. Am besten ist dieses Ritual übrigens durchzuführen bei abnehmendem Mond an einem Wassertag.

Wundern Sie sich nicht, wenn es dann noch eine Weile dauert, bis Ihr Tiergefährte seinen physischen Körper verlässt und dieser stirbt. Bis sich das Geistige in der Welt der Materie manifestiert, braucht es einige Zeit. Manchmal sind es nur wenige Stunden, Tage, manchmal dauert es länger – Monate, ein ganzes Jahr ... vertrauen Sie. Es kann auch sein, dass das Tier, welches mit Ihnen lebt, noch eigene Dinge und Aufträge zu erledigen hat, Karma abbaut.

Wichtig ist, dass Sie Ihren Tiergefährten freigegeben haben, damit er gehen kann, sobald die Zeit für ihn gekommen ist – er die nächste Energieebene betritt, frei von Ihrem Schmerz.

3. Kontaktaufnahme mit dem Wesen eines verstorbenen Tieres

Oskar wurde von einem Auto überfahren an dem Tag, an dem seine Menschenfreundin ihre Ausbildung beendete. Das Gespräch, dass ich aufgrund dieses Ereignisses mit ihm führte, macht erneut auf die Größe unserer Tiergefährten aufmerksam. Oskar hatte einen Auftrag auf Erden angenommen und führte ihn mit Hilfe des Katzenkörpers aus – für seine menschliche Gefährtin erkennbar und greifbar an ihrer Seite. Und auch wiederum nicht erkennbar, denn für sie war er bis zu beschriebenem Gespräch zwar ein sehr weiser und tiefgründiger Kater, aber ein Kater und nicht etwa ein großer Meister der Medizin. Seine Führung als lichte Kraft an ihrer Seite blieb während seiner Zeit auf der Erde unerkannt. Denn kennengelernt haben wir Menschen uns erst ein Jahr nach Oskars Tod.

Lieber Oskar, Deine Menschenfreundin versteht nicht, warum Du gekommen bist, als sie mit der Ausbildung begonnen hat und Du am Tag ihrer Prüfung so plötzlich und schmerzhaft gehen musstest.

„Mein Auftrag war zu Ende. Ich habe sie geführt von Anbeginn bis zum Ende. Ich bin ein großer Meister der Medizin, habe viele Seelen schon geheilt und kam auf die Erde, sie zu führen."

Lass uns noch einmal auf Deinen Körper als Katze zu sprechen kommen. Wie kann ich ihr das mit Deinem Tod besser erklären?

„Sag ihr, dass es eines meiner schönsten Leben war, was ich bei ihr verbringen konnte. Sie war die beste Schülerin, die je an meiner Seite stand. Sie zieht aus jeder Lehre ihre Lehre. Sie wird groß, sie wird eins mit dem großen Ganzen."

Doch sie empfindet noch einen großen Schmerz, was Dich betrifft. Kannst Du ihr den nehmen?

„Ich erzähle von dem Leben. Das scheint mir in diesem Moment sicherer zu sein. Geburt und Tod gehören zum Wachstumsprozess eines jeden Wesens. Es ist der Tod, der uns mit dem großen Ganzen wieder vereint, nicht das Leben. Ich bin gekommen zu führen und ich habe geführt bis ans Ziel. Jetzt ist ein neuer Meister an ihrer Seite. Ein neuer Abschnitt des Lebens ist beschritten. Es geht vorwärts ins Reich der Herrlichkeit."

Findest Du noch passende Worte, ihr den Schmerz zu nehmen?

„Ich werde sie fühlen lassen, wo ich bin. Dann wird sie verstehen, dass ich im Reich des Einen bin."

Es ist nichts Außergewöhnliches, mit einem Wesen Kontakt aufzunehmen, das bereits verstorben ist. Ich habe schon von Cassiopeia gesprochen, mit der ich nach ihrem körperlichen Tod kommunizierte. Das Wesen tritt vollkommen ein in die geistigen Reiche, der materielle Körper segnet das Zeitliche. Er geht den Weg des Werdens und Vergehens. Denn mit ihm befindet er sich im Prozess des Lebens und dazu gehört, als andere Seite der Medaille, unweigerlich der Tod. Und da es meiner Wahrheit entspricht, dass Wesen wiedergeboren werden, ist der physische Tod nur ein Übergang, gleichzeitig Ende und Anfang. Je nach Aufgabe und Potential kann es sogar sein, dass ein Wesen mehr als einen Körper auf der Erde hat und beispielsweise ein Parallelleben führt. Möglicherweise eines in der Gattung Mensch, ein anderes in der Gattung Tier. *„Es ist wie in der Mathematik"*, erklärte mir meine Schülerin Kathrin, als ich sie mit dieser Aussage konfrontierte, *„auch hier gibt es für schwierige Gleichungen immer mehrere Lösungswege."* Ihre Stute Libelle erklärte, als ich einen Unterschied zwischen ihren beiden Körpern – Mensch und Pferd – aber auch den Wesensteilen machen wollte: *„Die Energie ist eins, wo willst Du einen Unterschied machen? Das bleibt sich gleich. Wo der Frieden ist, wird die Einigung erreicht."* Unschwer zu verstehen ist dies, erinnern Sie sich daran, dass alles aus Energie besteht – auch jedes Wesen.

Wenden Sie für eine Kommunikation mit einem bereits verstorbenen Tier also wie gewohnt Ihre Technik der Kontaktaufnahme an. Rufen Sie dreimal laut den Namen des Tieres und nutzen Sie in der Verbindung mit dem Namen des Menschen die Form der Vergangenheit. Als Beispiel: „Ich rufe das Wesen mit dem Namen ..., welches mit dem Menschen ... (Vor- und Nachname) im Körper eines ... (beispielsweise Pferdes) gelebt hat.“ So können Sie sicher sein, dass Sie die richtige Energieform ansprechen und das Wesen, selbst wenn es erneut in einen Körper inkarniert sein sollte, Kontakt zu Ihnen aufnimmt.

3. Teil

Tiere kommen zu Wort

Ich habe so vielen Tieren zu danken, dass sie sich die Zeit nahmen, mit mir zu kommunizieren, dass ich sie hier, ohne ihre Aussagen in den Textfluss einbinden zu können, trotzdem zu Wort kommen lassen möchte. Auf den folgenden Seiten werden Sie also an den Gesprächen teilhaben können, die ich mit dem ein oder anderen Wesen geführt habe. Es sind wunderbare Gespräche und jedes von ihnen hat mich lernen lassen, hat mich ein bisschen mehr erkennen lassen, was es heißt, eins mit dem großen Ganzen zu sein. Ich wünsche Ihnen weiterhin viel Freude beim Lesen:

Die Stute Geraldine, von der schon im Kapitel „*Der Kreislauf des Lebens*" berichtet wurde, hat mir zu ihrem Abschied von der Erde einen wunderbaren Brief an ihre Freundin Cornelia diktiert. Ihn sollen auch Sie lesen.

So, Gerry, da bin ich. Hast Du Zeit für mich, wollen wir uns unterhalten?

„Ich warte seit einer Ewigkeit auf Deinen Ruf."

Ist es also richtig, was ich immer wieder gehört habe, Du möchtest gehen?

„Es ist mein Wunsch, ich möchte gehen."

Wie soll ich das Nelly nur sagen?

„Die Zeit wird kommen, da wird sie es wissen, aber sprich mit ihr, damit sie den Weg beginnt zu gehen."

Möchtest Du Nelly noch etwas sagen?

„Unsere Zeit war eine gute Zeit. Ich habe viel von ihr gelernt, gelernt zu lieben und gelernt zu verzeihen. Ich habe die Zeit des Vergessens, des Vergebens in mein Leben gelassen. Die Zeit ist gekommen, mich für alles zu bedanken, was sie mir getan hat. Die Zeit ist gekommen zu gehen. Ich werde sie auf meine Weise wiedersehen. ... Ein Leben voller Dankbarkeit, die Zeit ist reif, es wird jetzt Zeit."

Und dann schaltet sich mein Schutzengel Muriel ein und mahnt, ich solle Gerrys Worte genau wahrnehmen. Auch Hale Bob meckerte – er sagte: *„Du musst genauer hinhören, was sie sagt. Sie sagt so viel, aber Du hörst nicht einmal die Hälfte."*

Ich sprach Gerry wieder an und fragte, ob es Sinn-entstellt sei, was ich aufgeschrieben hatte.

„Du schreibst auf, was Du hörst, und diese Worte sind wichtig. Sie entstellen nichts. Ich spreche von der Weisheit, die ich in diesem Leben erlangt habe, von der Liebe, die sie mir gegeben hat, und der Schuld, die nun gesühnt ist. Ich spreche von der Zukunft, die uns vereinen wird, von dem Weg, der auf sie wartet. Von der Liebe, die sie empfängt von allen Wesen dieser Erde. Ich spreche von den Blumen, die ich ein letztes Mal aufgehen sehe, von der Sonne, die meinen Körper wärmt, von der Liebe, die in mir wächst. Von diesen Dingen spreche ich, sie werden sie begleiten, auch durch mich."

Kannst Du mir sagen, wann Du gehen möchtest?

„Sie wird den Zeitpunkt finden. Ich möchte erleben, wie das Leben zurückkommt und dann gehen."

Bist Du sicher, dass ich es so weitergeben soll?

„Sie liebt mich, sie wird es respektieren."

Gerry, ist das alles richtig, was ich jetzt gehört habe?

„Liebe Anja, Dein Weg ist beschienen von Sonnenschein, vertraue Deinem Herzen, der Weg ist rein."

Gandalf ist ein roter Kater und alleine seine Fellfarbe zeigt schon, dass seine Menschen es mit einem weisen, großartigen Wesen zu tun haben. Doch seine Worte verleihen dieser Großartigkeit weitaus mehr Ausdruck.

Hallo, Gandalf, ich heiße Anja, und Doris hat mich gebeten, mit Dir zu sprechen. Doris möchte wissen, wie es Dir geht?

„Wie es mir geht? Was für eine Frage möchte sie dem alten Weisen stellen? Der Körper hat sich so eingerichtet, dass er diese Erde ertragen kann. Der Körper ist zufrieden. Nein, Wünsche hat er nicht. Er nimmt sich, was er braucht."

Und welchen Grund hat Euer Zusammentreffen?

„Ich werde mit ihr den Weg der Heilung beschreiten. Ich bin der Engel, der sie durch jeden ihrer Heilungsprozesse führt. Ich stehe an ihrer Seite und werde sie geleiten. Ich bin der Engel ihres Schutzes, der Engel, der ihr den Segen bringt."

Sag, Gandalf, bist Du ein Engel, der durch den Katzenkörper wirkt?

„Ich bin die Kraft, die diesen Kater lenkt."

Und wenn ich mit dem Körper sprechen möchte?

„Dann bediene Dich meiner Kraft. Ich werde Dir alle Informationen geben. Ich bin die Kraft, die dieses Wesen steuert. Nichts geschieht ohne mein Einverständnis. Ich bin der, der hier die Macht hat."

Möchtest Du Doris noch etwas sagen?

„Es ist wichtig für sie zu erfahren, dass sie gut behütet ist. Es ist auch wichtig für sie zu wissen, dass sie nie alleine ist. Dass viele Kräfte in ihr walten; ihr Leben gar lebenswert gestalten. Sie ist geborgen im goldenen Band. Es heißt, sie ist ein Engel vom goldenen Strahl. Wenn sie ihre Kraft entdeckt hat, wird sie sie auf den Weg bringen. Kräfte, die in ihr walten und stets das Glück gestalten, liegen in ihr. Sie warten auf ihr Erwachen, dann können sie ganz herzlich lachen."

Bei Sally, einer Katze, ging es um einen geplanten Umzug. Die Menschenfreundin tat gut daran, Sally anzuhören, denn Katzen spannen ihre Aura in dem gesamten Gebiet, in dem sie leben. Werden sie da so mir-nichts-dir-nichts herausgerissen, sind sie nahezu nackt und für gewisse Zeit auch ungeschützt. Das gilt auch für Urlaubsreisen ...

Hallo, Sally, ich heiße Anja, und Birgit hat mich gebeten, mit Dir zu sprechen. Hast Du Zeit für ein Gespräch?

„Ich weiß schon, wovon sie reden will. Ich kann sehen, dass sich hier etwas verändert. Alles ist im Umbruch."

Ja, Du hast recht, die Familie wird umziehen und möchte Dich mitnehmen.

„Das ist keine große Sache."

Nein, grundsätzlich nicht. Aber wichtig ist, dass auch Du packst, wenn Du weißt, was ich meine.

„Du meinst, ich soll mich sammeln?"

Ja, Du solltest Dich sammeln und Deine Aura zusammenziehen für die Zeit, die Du von hier nach da transportiert wirst. Du musst sie mitnehmen, wirst Du das tun?

„Dein Wunsch ist mir Befehl."

Gut, dann zur nächsten Frage: Wie wird es laufen, möchtest Du sofort wieder raus aus dem Haus?

„Ich werde mich Schritt für Schritt orientieren. Zuerst kommt das Haus und dann die Umgegend. Ein bis zwei Tage werde ich im Haus die Aura spannen, dann werde ich bereit sein, die Gegend zu erkunden. Aber, sie muss auf mich achten. Sie soll an meiner Seite stehen. Ihre Stimme wird mir Orientierung sein. Darauf will ich mich verlassen. Es ist gut, so einen Freund zu haben."

Aber wie sieht es nachts aus?

„Es wird sich nichts verändern. Ich lebe es nach eigener Vorstellung, wie mir der Sinn gerade steht."

Und dann gibt es noch die Frage, warum Du Dein Futter auf dem Teller immer zusammenkratzt?

„Mann, sie muss doch nicht von jeder Eigenheit wissen, was es ist. Ich bin eine ordentliche Katze und liebe das Spiel. Es gefällt mir, mit meinem Essen zu spielen. Ich will auch wirklich nichts mehr darüber sagen. Es ist doch meine Sache, wie ich esse.“

Gut, verstehe. Möchtest Du Birgit vielleicht noch etwas sagen?

„Ich sage ihr gerne, dass ich mich bei ihr wohl fühle. Ich genieße das Leben und bin gerne eine Katze. Ich will sie bitten, auf mein Wesen stärker zu achten.“

Der Wallach Ramiro litt unter häufigen Koliken. Seine Menschenfreundin ging zusätzlich den Weg der telepathischen Kommunikation, da sie in einer Behandlung durch den Tierarzt nicht die Findung der Ursache, sondern lediglich eine Behandlung der gezeigten Symptome sah.

Hallo, Ramiro, ich heiße Anja, und Nicole bat, mit Dir zu sprechen. Hast Du Zeit für ein Gespräch?

„Ich wüsste nicht, wozu das gut sein soll.“ (Ich sehe ihn in den Farben Rot und Schwarz, seine Gestalt ist die eines Aasgeiers.)

Es gibt einige körperliche Probleme bei Dir. Nicole möchte einen anderen Weg einschlagen, als Dich ständig vom Tierarzt spritzen zu lassen.

„Hm, einen anderen Weg, gefällt ihr der hier etwa nicht mehr?“

Nein, sie sucht Wandlung, Entfaltung und einen Neubeginn. (Sofort wandelt sich die Energie und ich sehe violette Farbe. Ein Baby sitzt am Boden und weint.) Ich frage sogleich Hale Bob, ob sich jemand anderes eingeschaltet hat. Er sagt: *„Er zeigt Dir zwei Seiten seines Seins.“*

Darauf spreche ich Ramiro nun an.

„Du hast schon einen Teil davon gesehen. Es gibt zwei Herzen in meiner Brust.“

Und Du hast Angst, dass die eine Seite Deines Seins Nicole weh tut, deshalb wolltest Du nicht reden ...

„Das andere ist zu hilflos, es kann nicht in die Welt gehen, es braucht Hilfe. Ich wurde behandelt wie ein Stück Dreck, ein Werkzeug." (Es kommen Bilder hoch, die aus seinem Leben vor der Begegnung mit Nicole stammen. Nichts augenscheinlich Gewalttätiges, aber er fühlte sich dennoch wie vergewaltigt.)

Ich verstehe Deinen Schmerz. Lass' uns lieber zum Körper kommen. Ich möchte gerne wissen, welche Organe vom Körper mit seiner ganzen Kraft versorgt werden? Für welche Organe verwendet der Körper seine ganze Kraft, um sie am Leben zu erhalten?

„Leber und Niere."

Und was muss geändert werden?

„Ihr müsst mich behandeln, darauf bestehe ich in meinem Sein. Alle Register, die Ihr habt, sollt Ihr ziehen."

Wie kann Nicole sonst helfen, damit es Dir besser geht?

„Ihre Liebe wird mich heilen. Sie darf nicht nach links und rechts gucken, muss den Weg gehen, der ihr bestimmt ist. Sie wird das Licht einfallen sehen in ihr Leben und dann den Weg gehen können, den ich meine. Der Weg ist gut beleuchtet, sie braucht sich keine Sorgen zu machen."

Was kann sie tun, damit Du glücklich wirst?

„Wenn sie ihren Weg geht, dann wird sie alles tun, was in ihrem Herzen liegt."

Ärgert Dich jemand oder etwas?

„Das Leben, es ist das Leben, das mir böse mitgespielt hat. Bis zum heutigen Tag habe ich nicht verwunden, was mit mir geschehen ist. Löse diesen Schmerz, und ich bin frei, frei von aller Schuld."

Fühlst Du Dich hier wohl?

„Die Menschen sind hier wie da, ich kann keinen Unterschied feststellen. Ich würde es also wohl kaum bemerken, wechselten wir den Stall."

Schmeckt Dir das Futter?

„Es ist wie überall, die Menschen geben sich nicht besonders viel Mühe, uns zufrieden zu stellen."

Was würdest Du denn lieber essen?

„Gras, nichts als Gras und Steppe."

Du hast sicher schon so ein Leben hinter Dir, wenn Du auf die Steppe und das Gras in ihr ansprichst.

„Da war ich frei."

Gut, diese Möglichkeit haben wir hier jetzt nicht. Was möchtest Du nun essen?

„Ich weiß nicht, dann ist es wohl so ok."

Wie kann Nicole in Zukunft mit Dir kommunizieren?

„Sie hat den Weg doch schon beschritten, wieso fragt sie noch danach? Sie wird zu Dir in einen Kurs kommen, das steht schon fest."

Na, warten wir es ab, wie sie sich entscheidet. Aber sag, warum knirschst Du mit den Zähnen?

„Es ist die Wut, die sich so zeigt."

Bitte, lass mich Deinen Körper fühlen ...

Die ganze linke Seite ist für Ramiro nicht fühlbar. Er hat Bewusstsein über die rechte Körperhälfte und kann sie gut fühlen. Eine Erklärung im seelischen Sinne könnten die beiden Seiten seines Seins sein. Die wütende, die männliche Kraft, fühlt er, die andere, die weibliche und bei ihm hilflose, ist nicht lebbar. Dabei weist die linke Seite, die nicht fühlbare, hier auch auf sein eigenes Wesen hin, welches offensichtlich noch keine Entfaltung im Körper gefunden hat. Seine rechte Seite deutet für mich somit auch auf die äußere Einwirkung der Menschen hin, die seine Wut entfachten.

Und sag, kann Nicole in den Urlaub verreisen, ohne Dich mitzunehmen?

„Nur, wenn sie mich mitnimmt, wenn sie mich an ihre Seite stellt, dann kann sie gehen. Ich muss Bescheid wissen, was und wer dann auf mich zukommt. Es wird große Verwirrung stiften in meinem Körper, aber es wird gehen."

Möchtest Du Nicole noch etwas sagen?

„Ich bin dankbar, in ihre Hände geraten zu sein. Nicht im Traum hätte ich gehofft, aus dieser Tretmühle herauszukommen, in die ich mich gefahren hatte. Sie ist angetreten, mein Leben zu verschönern. Gott wird ihr danken für diesen Dienst. Ich werde ihr danken, mit der

Kraft meines Herzens werde ich ihr zu Dank verpflichtet sein. Ich möchte mit ihr gehen und will meine Schatten lösen. Es ist Zeit, die Vergangenheit gehen zu lassen und mit neuer Tatkraft in die Zukunft zu blicken. Ja, ich werde mit ihr gehen. Ich liebe sie.“

Cino war zum Zeitpunkt des Gesprächs mit seinem kleinen Hund Leo neun Jahre alt. Leo hatte aus einem heftigen Kampf mit größeren Hunden schlimme Verletzungen davongetragen. Es sah nicht gut für ihn aus, dabei hatten sich die beiden Jungspunte erst vor vier Wochen gefunden.

Kleiner Leo, darf ich mit Dir sprechen?

„Ich bin nicht klein, ich bin ein großes Wesen. Ich kann nicht bleiben, sag das dem kleinen Jungen, ich kann nicht bleiben. Ich gehe zurück in den Äther, aus dem ich kam.“

Warum musste das passieren?

„Es ist an der Zeit zu lernen, dass was man liebt, auch loszulassen.“

Für wen gilt das?

„Ich spreche zu allen. Alle können sie aus dieser Erfahrung lernen. Ich sende ihnen das Licht in ihre Herzen und erfülle sie mit Liebe. Dieser Moment dauert eine Ewigkeit und dann sind sie zu allem bereit.“

Was machst Du aber bei Cino und in dem Hundekörper?

„Ich sende ihnen Licht, ich begleite sie durch das Leben. Das passiert nur eine kurze Zeit im Körper.“

Und was wird sein, wenn Du den Körper verlassen hast?

„Ich stehe an seiner Seite wie ein Schutzengel, und er wird immer wissen, wer an seiner Seite steht. Das ist die Aufgabe, die ich bei Cino zu erfüllen habe. Es ist eine schöne Aufgabe, ich lerne viel und gebe viel. Aber jetzt muss ich gehen. Es wird Zeit, diesen Körper zu verlassen. Ich gehe an seiner Seite durch das Leben. Mein Trost ist mit ihm. Mein Herz erstrahlt ob soviel Liebe. Ich danke meinem kleinen Freund.“

Wie kann Cino Dir noch helfen?

„Ich bitte ihn, mich gehen zu lassen. So komme ich auf die schnellste Art wieder zu ihm."

Du bleibst wirklich nicht im Körper?

„Nein, es ist an der Zeit, zu gehen."

Was soll ich Cino sagen?

„Wie kann ich einem kleinen Jungen sein Leid nehmen, ohne ihn zu berühren? Ich küsse ihn. Ich lege meine Hand auf seine Schulter und streichle seine Wange. Es ist auch eine Freude zu sehen, wie viel Liebe so viel Schmerz verursacht. Aber ich muss gehen, muss meine Mission beginnen, an seiner Seite. Muss ihn führen durch sein Leben."

Welche Aufgabe hast Du an seiner Seite?

„Ich bin sein Führungsengel, inkarniert und nun für immer an seiner Seite stehend."

Wann gehst Du?

„Ich bin schon draußen, betrachte das Ganze aus einer anderen Sicht. Der Körper leidet, er möchte gehen. Lass' ziehen, Cino, lass' mich ziehen. Es ist ein Sterben, um an Deiner Seite geboren zu werden. Ich wiege Dich in meinen Armen und singe Dich in den Schlaf."

Möchtest Du noch etwas sagen?

„Es ist alles gesagt. Das Leben wird einen neuen Weg finden, und ein neuer Hund wird diesen Jungen durch sein Leben begleiten. Eine neue Liebe wird entfacht, bei Tag und auch bei Nacht. Sag ihm, dass sein Leben von Reichtum und Liebe, Glück und Zufriedenheit getragen wird. Sag ihm das. Es ist an der Zeit, einen neuen Weg zu beschreiten, für die ganze Familie."

Welchen Weg, Leo?

„Den der flammenden Herzen, den des Sieges und der Lust. Diesen Weg sollen sie beschreiten."

Thara ist die Araberstute, die mit Nora lebt. In unserem ersten Gespräch machte Thara bereits sehr deutlich, dass sie mehr Bewusstsein über sich hat, als nur ein Pferd zu sein. Sie führt ihre junge Menschenfreundin und macht deutliche Unterschiede zwischen Körper und Geist.

Hallo, Thara, ich bin's, Anja. Nora hat mich gebeten, mit Dir zu sprechen.

„Sprich nur mit mir, ich freue mich, dass Du kommst.“

Sie hat einen Brief an Dich geschrieben, kannst Du ihn sehen?

„Oh ja, sie gibt sich viel Mühe, mir Freude zu bereiten.“

Nora hofft, sie wird irgendwann selbst mit Dir reden können.

„Das tut sie schon, sie spricht mit mir. Verstehen kann sie mich noch nicht, das ist noch eine Hürde, die einzige, will ich meinen.“

Und wie antwortest Du ihr?

„Ich sende ihr Gesten, die versteht sie.“

Macht Dir die Arbeit mit Nora Spaß?

„Ich fühle mich sehr wohl bei ihr. Sie ist mir Führung und weist mir den Weg durch ein Pferdeleben.“

Dann interessiert sie noch, ob Du Spaß am Spielen nach Pat Parelli hast?

„Für mich ist es harte Arbeit, kein Spiel. Ich muss mich konzentrieren, lerne viel von ihr.“

Pat Parelli lehrt den Umgang der natürlichen „Sprache“. Nora möchte wissen, ob das klappt, ob Du dies verstehst?

„Sie meint die Sprache der Pferde, nicht wahr? Mein Körper versteht ihre Taten, mein Geist schaut auf ihr Herz.“

Folgendes Gespräch führte ich mit einer Hündin, deren Menschenfreunde Krebs im Körper des Tieres vermuteten. Die Kommunikation soll Ihnen einen kleinen Einblick geben in die Freiheit des eigenen Wesens.

Hallo, Gina, ich heiße Anja, und Deine Menschenfreunde haben mich gebeten, mit Dir zu sprechen. Hast Du ein wenig Zeit für mich?

„Es ist die letzte Zeit, die mir noch bleibt, bevor ich gehen werde."

Meinst Du, Du möchtest sterben?

„Ja, es ist ein Abschied."

Geht es Dir denn so schlecht? Bitte, lass' mich Deinen Körper fühlen.

(Ich fühle etwas wie einen Kloß im Hals. Es sitzt am Kehlkopf und fühlt sich tatsächlich an wie ein Fremdkörper. Der Kopf ist starkem Druck ausgesetzt.)

Was können Deine Menschenfreunde für Dich tun?

„Mich gehen lassen. Es ist an der Zeit, von mir Abschied zu nehmen. Ich werde diesen Tag nicht überleben."

Du meinst diesen Freitag, heute?

„Ja, es ist der letzte meiner Tage."

Wie können Deine Menschenfreunde Deine Schmerzen lindern?

„Sie sollen nichts mehr für mich tun, außer Abschied nehmen."

Wirst Du von alleine sterben?

„Nein, dazu ist mein Körper nicht in der Lage."

Also möchtest Du eingeschläfert werden?

„Es ist der Weg, diesen Körper zu verlassen, ohne größeren Leiden ausgesetzt zu sein. Ich habe es mir gut überlegt, und es ist der Weg, den ich in diesem Leben gehen möchte. Meine Engel kennen meinen Plan und stehen hinter mir."

Darf ich mit Deinen Engeln darüber sprechen?

„Natürlich, sie sind ja bei mir."

Ihr Engel und Geistführer von Gina, ist es richtig, wie Gina gehen möchte, seid Ihr einverstanden mit ihrem Weg?

„Es ist nicht der Weg, den wir für sie vorgesehen hatten. Wir haben uns beraten und gehen mit ihr."

Dann habe ich noch eine Frage an Euch: Ist es wichtig, dass sie zu Hause eingeschläfert wird, um den Weg ins Licht zu finden?

„Es ist egal, wenn wir an ihrer Seite stehen. Es ist das Ziel, sein Leben in Freiheit zu beenden. Das ist ihr gelungen. Sie ist frei, frei von aller Schuld. Jetzt kann sie gehen. Sie wird aufsteigen in den Himmel, sitzen zur Rechten Gottes, des allmächtigen Vaters. Die Menschen werden verstehen, dass sie gehen möchte. Die Zeit ist reif, es ist soweit."

Ich danke Euch. Ich wende mich nun wieder an Gina.

Gina, es ist so wichtig, dass nicht nur Deine Seele, Dein Wesen, den Körper verlässt. Nimm auch alle Informationen aus dem Körper heraus, die Du im Laufe Deines Lebens angesammelt hast. Gib diese weiter an die Gruppenseele und geh' Du Deinen Weg.

„Er wird mich ins Licht führen."

Darf ich zurück zu den Fragen kommen, was hältst Du vom Tierarzt?

„Er wird mich erlösen."

Möchtest Du Michael oder einem anderen Familienmitglied noch etwas sagen?

„Ich will mich nicht mit jedem einzelnen beschäftigen, aber ich habe Worte für sie alle: Ich danke ihnen für ein Leben in Frieden und Geborgenheit. Meine Zeit hier auf der Erde ist abgelaufen, ich werde gehen mit den Engeln. Ich kann sie schon sehen. Meine Entscheidung ist gefallen, ich werde gehen. Ich fühle mich geborgen im goldenen Band. Es ist an der Zeit, vor das Tor zu treten des Schöpfers."

Nur eine Frage habe ich nun noch, und die betrifft die Träume, die Michaels und Ritas Mutti in den letzten Tagen hatte. Hast Du mit ihr Kontakt aufgenommen?

„Ja, sie hat mich wahrgenommen und gehört. Sie weiß, was ich will. Sie weiß, es ist der letzte Tag meines Lebens. Ich habe ihr versprochen wiederzukommen, in einem anderen Leben. Wir werden uns wiedersehen, ich habe es versprochen."

Nachdem ich telefonisch übermittelt hatte, was Gina ihren Menschenfreunden zu sagen hatte, sprach sie noch einmal kurz zu mir.

„Sie sollen ihrer Trauer freien Lauf lassen, aber sie sollen mich gehen lassen. Ich führe sie in das Licht, auch ich führe sie in das Licht. Ich werde wiederkommen und sie begleiten auf dem Weg ins Licht."

Diese Worte aus einem langen Gespräch richtete die Stute Winjana an mich, die mich mit ihren weisen Worten wirklich zu Tränen rührte. Aber zuvor sprachen ihre Engel und Geistführer zu mir.

Sie sagten: *„Du darfst zu ihr gehen, aber sei vorsichtig, sie ist sehr scheu und zart. Verschrecke sie nicht, sie ist ein geweihtes Wesen."*

Dann sprach ich die Stute an:

Kannst Du Deiner Menschenfreundin den Unfall verzeihen?

„Sieh mich an, ich bin ein leuchtendes Wesen. Ich vergebe, denn ich liebe."

Fühlst Du Dich schon wieder voll belastbar beim Reiten?

„Wieso stellt sie nur Fragen an meinen Körper und nicht an meinen Geist? Teile ihr mit, dass ich mehr bin als nur ein Körper. Ich bin mehr Geist als Körper. Sie soll sich mit meinem Geist beschäftigen und weise wählen, was sie tut. "

Möchtest Du noch etwas zu diesem Thema sagen?

„Es ist an der Zeit, mich zu offenbaren. Ich komme aus der Sonne. Mein Leben hier ist begrenzt. Die lichte Weite der Unendlichkeit trägt mich auf ihren Schwingen durch die Zeit."

Kannst Du das verständlicher machen? Deine Menschenfreundin wird es so sicher nicht verstehen.

„Ich bin ein Engel."

Kannst Du mir etwas über Deine Aufgabe erzählen, die Du hier hast?

„Ich schütze sie, sie steht unter meinem Schutz. Mein Schutz trägt sie durch ihr Erdendasein. Meine Aufgabe ist eine große Aufgabe, ich gehe durch die Zeit."

Eine letzte Frage noch: Könntest Du Dir vorstellen, ein Fohlen zu haben?

„Ein Baby für mich? Eine Ehre wäre es, ein Kind auszutragen. Einer Seele einen Lebensraum zu schenken."

Shadow war ein Schimmelpony. Er wurde eingeschläfert, ein Jahr, bevor seine Menschenfreundin mich kennenlernte und bat, mit ihm zu reden. Dieses Töten lag Ute noch immer schmerzhaft auf dem Herzen. Auch hier sprach ich ausgiebig mit den Engeln und Geistführern, bevor sie mir gestatteten, mit Shadow zu reden.

Sie sagten: *„Er ist nicht erdgebunden. Er existiert im Universum, weit weg von Zeit und Raum."*

Dann durfte ich zu Shadow.

Hallo, Shadow, darf ich mit Dir sprechen? Ute hat gefragt.

„Natürlich, für meine Ute würde ich alles tun."

Gestern, als wir über Dich sprachen, hörte ich, wie Du sagtest, der Tod sei nicht Deine Entscheidung gewesen.

„Ja, sie haben über meinen Kopf hinweg entschieden. Ich habe mein Lebensziel nicht erreicht."

Was war Dein Lebensziel?

„Der natürliche Lebensprozess. Weißt Du das denn nicht? Es ist ein Entwicklungsprozess, er beinhaltet Geburt, Leben und Tod. Alles zum rechten Moment. Der Schöpfungsplan, er ergießt sich in diesen Prozess."

Wolltest Du lieber abwarten, bis Du vielleicht langsam, aber von alleine stirbst?

„Es wäre mein Tod gewesen. So war es ihr Tod. Sie haben ihn bestimmt. Die Zeit war noch nicht reif."

Shadow, ist es richtig, was ich sehe?

„Was siehst Du denn?"

Ich sehe einen Pegasus durch die Lüfte galoppieren.

„Das bin ich. Es ist das, was ich nun bin, die Gestalt meiner Seele."

Und wo bist Du?

„Überall und nirgends."

Möchtest Du Ute jetzt noch etwas sagen?

"Sie soll sich keine Vorwürfe machen. Sie ist im Prozess des Lebens und wird lernen. Ich komme wieder, und dann wird sie es besser machen."

Meinem Gespräch mit Pascha, einem quirligen kleinen Hund, ging ein schlimmes Ereignis voraus. Während eines Ausritts geriet er in einen Streit mit einem anderen Hund. Sie kämpften und Pascha geriet unter Artax, das Pferd seiner Menschenfreundin, dessen Hufe den Hundekörper tödlich verletzten.

Paschas Engel und Geistführer sagten einige Wochen nach dessen Tod: *„Es ist an der Zeit, mit ihm zu reden. Er hat sein Ziel erreicht und ist jetzt frei."*

Hallo, Pascha, ich bin's, Anja. Wir haben schon einmal miteinander gesprochen. Silvia leidet unter Deinem Tod. Kannst Du Worte für sie finden, die sie trösten?

„Ich habe Dich beobachtet, die ganze Zeit. Du tust Gutes und hilfst meiner Kleinen. Gebe ihr meine Worte zum Trost. Ich will sie wiegen in meinem Schoß." (Ich sehe Pascha als eine sehr strahlende große Kraft. Ich weiß nicht, ob es ein Engel ist, aber es ist ein sehr weißes Licht und unglaublich groß. Seine Stimme ist zwar tief und kraftvoll, sehr kraftvoll, aber es sieht mir aus, als sei es eher eine weibliche Energie.)

Sag, musste das wirklich alles so sein? Auch, dass Artax Dein Helfer wurde, den physischen Körper sterben zu lassen?

„Er hat dem göttlichen Plan gedient. Er hat nur seine Pflicht getan, sonst nichts. Er hat mich geliebt, so wie sie mich geliebt hat. Ich war alt, das hat sie doch gewusst. Ich war bereit zu gehen, auch darüber haben wir gesprochen. Es war vielleicht nicht ganz der Stil, den sie sich gewünscht hat. Ich habe diesen Abschied in dieser Form gebraucht."

Warum?

„Es war mein Weg, dieses Leben mit einem Kampf zu beenden. Meine Energie musste sich befreien aus den Klauen des Weltlichen. Dazu haben sie gedient. Sie haben mir den größten Dienst getan, den man einem Wesen tun kann. Ich danke ihnen von Herzen."

Wo bist Du jetzt, Pascha?

„Ich stehe an ihrer Seite als ein hoher Engel. Es ist ein anderes Universum, ein anderes Reich, und doch stehe ich an ihrer Seite. Ich will sie

führen auf ihrem Weg, der täglich lichter wird. Sie darf vertrauen in die Menschheit haben, vertrauen in meinen Schutz. Sie darf die Kraft des Göttlichen zu sich nehmen."

Mir wurde erzählt, dass Du, als Du in die Klinik kamst, noch einmal hochgesehen hast zu Silvia, obwohl alle glaubten, Du seist bewusstlos. Was wolltest Du ihr sagen?

„Ich war schon draußen und habe ihr durch diesen Körper einen Gruß gesandt. Es war kein Abschied, es war eine Verwandlung meiner Kraft in eine höhere Schwingung. Jetzt kann ich wieder bei ihr sein, wie es einer Dienerin des weißen Strahls gebührt. Ich diene an ihrer Seite."

Möchtest Du Silvia noch etwas sagen?

„Sag ihr, sie soll mich Augenstern rufen. Dann werde ich sofort an ihrer Seite sein. Meine Freude ist es jetzt, sie wachsen zu sehen, und das war sie schon immer. Ich bin froh, diesen Körper verlassen zu haben. Er war mir nicht mehr dienlich. Ich habe die Zeit überwunden, ich kehre in mein Reich und werde mich hier vervollkommnen. Ich steige auf zum Höchsten. Sie soll die Fülle zu sich nehmen und dankbar jeden Tag erleben. Jeder Tag ist ein Geschenk zu wandeln, die Wege zu wandeln in seinem Sein. Jeder Tag ist ein Neuanfang und das Ende von etwas Altem. Ich grüße sie mit der Kraft meines Herzens. Ich sende ihr meinen Schutz auf ihrem Weg. So sei es."

Lena, die treue Hündin einer Bekannten, verstarb kurz nach einer schweren Operation. Ich hatte bereits zweimal Kontakt zu ihr und ihren Engeln aufgenommen, und nachdem mehrere Wochen ihres Erdenabschieds vergangen waren, erhielt ich die Erlaubnis, noch einmal mit ihr zu sprechen, um ihrer Menschenfreundin den Verlust zu erleichtern.

Ihre Engel sagten:

„Sie ist angekommen an ihrem Ziel. Du kannst mit ihr reden."

Hallo, Lena, ich bin es nochmal, Anja. Hast Du Zeit für mich?

„Oh, wie schön, Dich zu sehen. Wie geht es Dir? Ich grüße Dich von den Sternenweisen."

Danke, Lena, mir geht es sehr gut. Nur Beate leidet noch sehr unter Deinem körperlichen Tod.

„Sie wird mich nicht vergessen, das ist auch nicht der Sinn der Sache. Sie wird daran wachsen."

Lena, Beate möchte noch wissen, wo Du bist.

„Ich bin im Universum, an einem Ort, weit fort von hier."

Und ist es dort so, wie Beate es gesehen hat? Kommen andere Wesen zu Dir?

„Ja, ich leite sie an, ihre Wunden zu versorgen. Ich helfe ihnen auf dem Weg. Sieh mich, ich bin ein Engel des grünen Strahls der Heilung und des Segens. Ich leite sie an."

Und kommen nur Tiere zu Dir?

„Es sind Seelen aus allen Teilen der Welt. Sie kommen zu mir und suchen Vergebung. Sie finden sie in meinem Wort."

Möchtest Du Beate noch etwas sagen?

„Sie soll mich finden. Ich bin hier, ich warte auf sie. Ich werde ihr den Weg weisen."

Wie soll sie Dich rufen?

„Lena, Lena ist mein Name, mit dem sie mich rufen soll. Ich werde an ihrer Seite sein, immer wenn sie diesen Namen ruft. Ich werde ihr Licht in dunkler Nacht. Ich bin verbunden mit ihr. Ich trage ihren Schmerz. Ich trage ihn durch die Zeit. Bald ist sie zu allem bereit. Sie wird ihren Weg finden, dafür werde ich sorgen."

Ich glaube, spätestens nach diesen Gesprächen ist Ihnen vollends bewusst, welch' wundervolle Wesen sich an der Seite des Menschen befinden.

Für mich war es ein großes Geschenk, das Talent der Telepathie entdecken zu dürfen. Mit ihm kann ich die Worte der Tiere nun wahrnehmen und den „Engeln auf Erden" tiefe Ehrerbietung erweisen. Ich danke dem Schöpfer für diesen Weg.

Der nächste Schritt

Jetzt haben Sie dieses Buch fast bis zu seinem Ende gelesen und nun eröffne ich Ihnen noch eine weitere Ebene der Schöpfung. Mit Tieren kommunizieren Sie bereits. Machen Sie sich nun auf den Weg, Wesen wie Steine und Pflanzen, wie Blumen oder Bäume zu achten – reden Sie mit ihnen. Meine Schülerin Leonie richtete im Alter von zehn Jahren vier Fragen an einen Baum:

In Richtung Norden gedreht fragte Leonie: Wer bin ich?

„Eine Kreatur, die Gott erschuf."

Im Süden stehend war ihre Frage: Wo komme ich her?

„Du kommst von Gott, Dein Weg ist hell erleuchtet."

Im Osten stellte Leonie die Frage: Was tue ich hier?

„Du wirst leiten und schützen."

In Richtung Westen schauend lautete ihre Frage: Wo gehe ich hin?

„In ein strahlendes Licht am Himmel."

Setzen auch Sie sich in die Natur und befragen einen Baum. In vielen Fällen werden Sie dann mit dem Faun im Baum sprechen, einem Naturgeist. Manchmal sind es auch die Hüter des Platzes oder alte Gnome, weise Meister aus dem Zwergenvolk. Fragen Sie einfach, wer mit Ihnen plaudert.

Und hier wieder erste Fragen

Wie alt bist Du?
Wie fühlst Du Dich?
Was bist Du für ein Wesen?
Wo kommst Du ursprünglich her?
Was ist Deine Bestimmung?

Fragen Sie ruhig auch noch ein wenig zu sich selbst

Wer bin ich?	*in Richtung Westen gefragt*
Wo komme ich her?	*in Richtung Süden gefragt*
Wo gehe ich hin?	*in Richtung Osten gefragt*
Was ist meine Bestimmung?	*in Richtung Norden gefragt*

Schlusswort

Eddi, der viele Jahre bei meiner damals 13jährigen Schülerin Katharina Ritschel in einem Pferdekörper lebte, sprach nach seinem körperlichen Tod zu ihr. Seine Worte möchte ich als Schlusswort verwenden.

Auch dem Mensch ward Macht gegeben,
eins zu sein mit allem Leben.
So war es einst und wird's auch sein,
doch sagen Dir die Worte mein,
die Menschen wollten Herrscher sein.
Sie stiegen hoch auf ew'ger Leiter,
verletzten ihre treu'n Begleiter.
Nun auf der Leiter ohne Ende,
vollführte sich die klare Wende.
Der Mensch begab sich aus göttlichem Licht,
wurde mächtiger nur aus seiner Sicht.
Nun begehren die Menschen des Lebens Gabe,
durch welche ihre graue Welt wieder erhält die helle Farbe,
welche sie verloren bei tiefem Fall.
Nun stehen sie vor hohem Wall.
Viel Mühe gilt es auf sich zu nehmen,
dennoch finden sie Hilfe, wohin sie auch gehen,
denn das Göttliche kann verzeih'n und versteh'n.
Und jeder Mensch erhält wieder die Chance,
einzugeh'n in die Gemeinschaft der weisen Gestalten,
lernt er über sich selbst zu walten.
Auch Helfer hat er auf dieser Erde,
damit er zu einem lichten Wesen werde.

Gelingt ihm das nicht,
so muss er noch einmal als Mensch auf die Erde,
damit er endgültig zu Göttlichem werde.

Ich glaube, die Kunst des Lebens, die Gabe, von der Eddi hier spricht, besteht darin, allen Wesen ihren eigentlichen, natürlichen Rhythmus zu erlauben und diesen auch zu sehen im Zusammenleben miteinander. Und das gilt nicht nur zwischen Mensch und Tier, auch die Menschen untereinander, im Kontakt mit Pflanzen und Steinen, eben der gesamten Schöpfung, sollten einander gestatten, den ursprünglichen Lebensrhythmus verwirklichen zu können. In dem Moment, in dem jeder für sich den Mangel löst und die stärkenden Kräfte integriert, kann nicht nur ihm, sondern jedem Wesen dieser Erde viel Wachstum zuteil werden. Das heilt die gesamte Schöpfung, und machen Sie sich bewusst: jegliche Energie besteht, die einst geschaffen wurde. Alleine der Fortschritt jeden Wesens, die Erlösung der und die Befreiung aus den gebundenen Energien heraus, lässt Freiheit zu auf allen Ebenen. Und damit gelingt es, einfach nur zu sein – in Liebe, Wahrheit und Freiheit.

Eines ist mir deshalb besonders wichtig, hier noch einmal zu erwähnen: Dieses Buch wurde in Liebe und Wahrheit nach dem momentanen Wissensstand geschrieben, den ich zur Zeit des Schreibens inne hatte. Erinnern Sie sich, dass alles schwingt? Je mehr wir erleben, umso mehr lernen wir. Auch dieses Buch war ständigem Wandel und laufenden Entwicklungsprozessen unterzogen.

Machen Sie sich auf den Weg, Ihr eigenes Wissen in die Welt zu bringen, und wundern Sie sich nicht, wenn Sie vielleicht zu weitreichenderen Erkenntnissen gelangen als ich im Moment des Schreibens. Alles besteht aus Energie und sie schwingt auf dem Weg ins Licht.

Viel Spaß im Leben.
Glück und Freiheit,

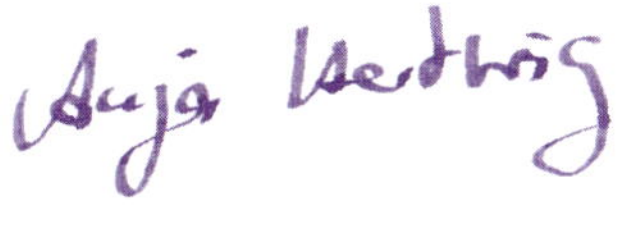

Quellen

Amy Wallace, Bill Henkin, *Anleitung zum geistigen Heilen*, Synthesis Verlag, Essen 1982
Jeanne Ruland, *Feen Elfen Gnome – Das große Buch der Naturgeister*, Schirner Verlag, Darmstadt 2003
Jeanne Ruland, Iris Merlino, *Im Reich der Naturgeister*, Schirner Verlag, Darmstadt 2001
Irene Dalichow, Mike Booth, *Aura-Soma – Heilung durch Farbe, Pflanzen- und Edelsteinenergie*,
Th. Knaur Verlag, München 2001
Kalashatra Govinda, *Atlas der Chakras*, Ludwig Buchverlag, München 1999
Kurt Tepperwein, *Die Botschaft Deines Körpers*, mvg Verlag, München 1987
Priska Arnold-Dinkel, *Der Mahatma-Prozess*, ch.falk-verlag, Seeon 2002
Rosemarie Dröschel, Astrid Feuser, *Weise Eule, schöner Schwan – Orakel der Helfertiere*, Hermann Bauer Verlag, Freiburg 2000
Ted Andrews, *Die Botschaft der Krafttiere*, Bastei Verlag, Bergisch Gladbach 2000

Anja Hertwig über sich

Geboren im April 1967, schätze ich seit frühester Kindheit die Gegenwart von Tieren. Schon immer unterhielt ich mich mit ihnen, auch wenn ich bewusst nicht wahrnehmen konnte, was sie zu sagen hatten.

Nach erfolgreich abgeschlossener Ausbildung zur Fotolaborantin, Fotografin und Redakteurin wurde ich im Jahr 2000 endlich meiner wahren Berufung zugeführt. Ich erhielt die bewusste Einweihung in die telepathische Kommunikation mit Tieren und allen Wesen der Schöpfung. Nach und nach baute ich meine Fähigkeiten aus, wurde von Anna-Maria Pierce, einer amerikanischen Geistheilerin, in die Lehre genommen und erhielt auch hier meine Einweihung. Im Herbst 2002 wurde ich vom Dachverband Geistiges Heilen e.V. als geistige Heilerin anerkannt.

Im Jahr 2003 folgte dann der Schritt in die Selbständigkeit. Der Schritt zur heiltherapeutischen Arbeit mit Tieren an Körper, Geist & Seele war getan. **FATUM – Friede allen Tieren und Menschen** stand nicht länger nur auf dem Papier, sondern fand seinen Weg in die Welt des Physischen. Seit Mitte 2002 befinde ich mich außerdem in der Ausbildung zur Bewegungstherapeutin nach bfb - Brehm funktionale Behandlung.

An dieser Stelle ist mir noch eines wichtig: Ein jeder Körper wirkt als Tempel einer Seele. In ihm arbeiten Energien, die Funktionen erhalten, den Geist stimulieren, Gefühlskräfte aktivieren und ein Handeln ermöglichen. Ich achte Körper als Heiligtümer, welche den Wesen dieser Erde vielfältige Wege eröffnen. Auch Sie möchte ich heute daran erinnern, die Wesen in Tierkörpern gleichermaßen als freie Mitgeschöpfe zu achten.

Und haben Sie Fragen zum Thema Tierkommunikation, haben das Buch gelesen, aber können Übungen daraus nicht umsetzen oder verstehen einen wichtigen Aspekt nicht, so scheuen Sie sich bitte nicht, mir zu schreiben. Senden Sie mir eine Mail mit Ihren Fragen, und ich werde sie nach bestem Wissen und Gewissen beantworten.

Kontakt

FATUM – Friede allen Tieren und Menschen

Heiltherapeutische Arbeit mit Tieren an Körper, Geist & Seele

www.fatum-ah.de

Mail: info@fatum-ah.de

Anja Hertwig
Müllerweg 77
64850 Schaafheim
Fax: 06073-980 640